사고와 표현

말하기와 듣기

사고와 표현
말하기와 듣기

초판 1쇄 발행 2018년 2월 28일
초판 5쇄 발행 2021년 8월 31일

저 자 김장원·박선경·윤혜영
펴 낸 이 박찬익
편 집 장 한병순

펴 낸 곳 (주)박이정
주 소 경기도 하남시 조정대로45 미사센텀비즈 7층 F749호
전 화 031)792-1193, 1195
팩 스 02)928-4683
홈페이지 www.pjbook.com
이 메 일 pijbook@naver.com
등 록 2014년 8월 22일 제305-2014-000028호

ISBN 979-11-5848-363-0 (03700)

* 책값은 뒤표지에 있습니다.

사고와 표현
말하기와 듣기

김장원 · 박선경 · 윤혜영 지음

(주)박이정

머리말

　말하기와 듣기는 궁극적으로 자기 인식과 타자 인식, 즉 인식의 문제와 맞닿아 있다. 지금 보다 더 좋은 말하기/듣기의 능력을 향상하려면 우선 자기에 대한 정확한 이해 – 의식, 습관, 환경, 생각, 인식, 태도 등 자신을 정확히 알아야 한다.

　말하기/ 듣기는 생활에서 무수하게 이루어지며 습관으로 굳어져 온 행위라, 이를 성찰하여 고칠 점이나 개선해야 할 점을 찾아내는 일은 자신의 모습과 태도를 성찰하는 일과 같다. 단순히 입으로 말하고, 귀로 듣는 것이 아니라 제대로 된 말하기/듣기를 위해서는 자신의 생각을 구성하고 타인 및 사회와 '관계'를 이루어 온 언어습관을 살펴야 하고, 자신과 세상을 받아들이는 나의 인식과 자세부터 살펴야 가능한 일이다.

　그러나 사람들은 별 불편없이 늘 말하기/듣기를 늘 생활화 해왔으므로, 그 중요성과 필요성을 간과하는 수가 많다. 말하기/듣기는 곧 나의 표현이자, 타인과의 의사소통이며, 사회화하는 방법이자, 관계맺기를 위한 필수불가결한 행위이자 가장 빈도수 높은 인간의 행위이다. 우리가 보다 나은 사람이 되기 위해서는 타인과의 원만한 소통을 통해 자기의 한계를 넘어 인식확장되어야 하고, 자신의 생각을 보다 잘 표현하고, 남의 의견이나 세상의 정보를 수용할 줄 알아야 한다.

말하기와 듣기는 실제의 생활에서 벌어지는 실천적인 항목이다. 이 책은 실제 자신의 말하기/듣기의 모습을 객관적으로, 다각도로 살펴보는 작업에서 시작한다. 자신을 인식하고 타인을 대하는 자신의 인식과 태도를 살펴보는 작업을 선행함으로써 실제적으로 지금보다 나은 말하기/듣기의 기반을 다지도록 구성하였다. 그리고 언어 외에 태도나 자세, 몸짓, 억양, 톤 등 의사소통의 전반적인 향상을 도모하기 위해 구체적인 이론과 실제적인 대화의 상황들을 문제로 풀어감으로써, 스스로 깨닫고 인지하도록 하였다. 또 상황별, 서술 방식 별로 다양한 장면에서 벌어질 소통의 방법들을 연습하고 익힘으로써 전문적인 의사소통의 실력자가 되도록 구성하였다.

2018년 2월
저자를 대표하여 박선경 씀

차례

머리말_4

제1장   말하기의 중요성(박선경)

1. 말하기의 중요성_10

2. 말하기의 기술_17

3. "말하기"의 어려움_25

4. '말하기' 방식_29

5. 화자와 청자의 관계_34

제2장   의사소통의 시작, 경청(김장원)

1. 인류의 역사와 경청_48

2. 의사소통의 근본, 경청_53

3. 특화된 경청, 공감적 경청_54

제3장   이해와 공감의 시작, 대화(김장원)

1. 의사소통, 새로운 시각의 확장_60

2. 거절의 대화_73

3. 위로의 대화_75

4. 사과의 대화_78

제4장   설명(윤혜영)

   1. 설명의 개념과 방법_86

   2. 설명하는 말하기의 유형과 설계 방법_94

   3. 설명하는 말하기의 조건과 준비 과정_100

   4. 설명하는 말하기의 실제_109

제5장   설득하는 말하기/듣기(김장원)

   1. 설득, 말하기의 종합_126

   2. 설득의 구성 요소와 원리_128

   3. 설득의 방법_131

제6장   토론(윤혜영)

   1. 토론의 개념과 유형_142

   2. 토론의 형식과 규칙_144

   3. 토론의 준비_147

   4. 토론의 실제_155

참고문헌_159

제1장

말하기의 중요성

(박선경)

1. 말하기의 중요성

1) 인간과 말하기의 불가분성

"인간"은 인생세간(人生世間)의 준말로, 세상 사람들 가운데 살아가는 존재이다. 우리는 교육을 받고 문화도 익히며 많은 정보를 습득하는, 일련의 관계맺음 가운데 비로소 '인간'으로 성장한다. 그런데 이러한 관계를 맺어가는 것이, 즉 소통하는 것이, 곧 "말하기"이다. 따라서 포유류로 태어나 '인간'이 되는 과정에서 '말하기'는 필수불가결한 전제 조건이 된다. 인간을 Homo Loquence라 규정하는 것은, 다른 동물과 달리 인간은 정밀하고 무수한 언어를 축적, 사용함으로써 고도의 문화와 문명을 이루어 왔기 때문이다.

몇 년 전 러시아에서 개들이 키운 5세 어린 아이가 발견돼 세상의 주목을 끈 적이 있다. 버려진 아이를 개들이 거두어 젖도 주고, 먹을 것을 먹이며 돌봐온 덕에 아이는 건강에는 별 이상이 없었다. 그러나 아이는 개들이 키우는 과정에서 당연히 사람 말을 할 줄 몰랐고, 따라서 아이는 개와 같은 행동양식을 보였다. 두 발로 직립보행을 하는 것이 아니라 네 발로 기어다니고 있었고, 개와 같은 소리를 낼 뿐 한마디 말도 하지 못했다. 또 개들이 가져다 준 음식을 숟가락, 젓가락은 물론 손으로 집어먹지도 않았고 바닥에 입을 대고 먹는 행동을 보였다고 한다.

또 오래 전에 늑대들이 키운 십여 세로 추정되는 소년도 발견된 바 있다. 그 소년 역시 인간이 키우지 않았고 늑대들이 키웠기에 늑대의 울음소리로 기본적인 욕구를 나타냈고, 네발로 기어다니는 등등 모든 행위들이 늑대와 같았다고 한다.

우리는 여기서 '인간'의 기본조건에 대해서 다시금 생각해 볼 수 있게 된다. 과연 위와 같은 늑대소년, 개소년이라 칭하는 그들을 인간이라 명명할 수 있을 것인가?하는 문제이다. 포유류로 태어났을 뿐 인간으로서의 행동, 생각, 문화들을 갖추지 못했다. 우리는 이 때 그 소년들을 인간이 아니라 늑대인간, 개인간으로 별칭을 붙이며 보통 인간과는 구분하게 된다.

이러한 사실들은 인간은 태어나면서부터 부모를 비롯한 보호자와의 관계 속에 인간으로 성장하는 존재라는 점을 환기할 수 있다. 보호자들이 양육하며 건네는 무수한 '말하기'를 통해 인간다운 인간으로 성장하는 것이다. 최초의 배움들과 지속적인 교육들이 '말하기'를 통해 이루어졌다는 점을 주목해야 한다. 즉 우리 인간은 '말하기'를 중심으로 형성되는 것이다.

(1) 자기 인식과 상대의 인식

인간이 모여 사회를 만든다는 가설을 사회학에서는 명목론이라 하며, 사회 속에서 인간으로 성장 – 사회가 인간을 형성한다는 것을 실재론이라 한다. 즉 명목적으로는 인간이 모여 사회를 만드는 것 같지만, 그 이전에 실재적으로 우리는 사회관계 속에서 인간답게, 인간으로 형성되는 것이다. 그 과정에서 언어는 우리를 '인간'답게 만드는 교육 및 정보전달을 가능케 하고, 더 나아가 사회문화적으로 축적되어온 언어는 우리의 정신 및 사회를 구성, 유지케 한다. 언어 정신분석학에서 보듯이, 우리의 정신을 분석하는 작업은 그가 쓰는 언어 분석을 통해서 그의 정신을 진단하고 평가한다.

우리가 제대로 언어를 사용하는지, 대인관계에서 타인과의 의사소통을 제대로 하는가에 따라서 그 사람의 정신과 관계, 사회성을 판단한다. 쉬운 예로, 누구와도 말이 안통하는 사람은 사회성에 장애가 있다 보며, 의사소통이 전혀 되지 않는 심한 경우는 정신적 결함이 있다고 진단한다. 즉 언어는 정신을 구성하고, 사회성을 결정지으며, 그 사람의 정체성을 결정짓는, 사회구성의 결정적 매개체인 것이다.

그렇기에 우리는 제대로 된 말하기와 듣기를 실생활에서 사용하는지 깊이 성찰해 보아야 할 것이다. 말하기와 듣기는 자기 인식과 깊이 관련되어 있으며 타인과의 관계, 즉 타인을 대하는 자세, 타자 인식과 깊은 관련이 있다. 말하기와 듣기는 아무 때나, 언제나 해오던 언어생활이라 별 생각없이, 이렇다 할 자각없이 습관적으로 행하는 행동이지만, 여기에서 자신에게 발생하는 모든 문제와 타인과의 갈등이 시작된다는 점을 인식한다면 우리는 말하기/듣기의 중요성을 새삼 인식할 수 있을 것이다.

(2) 자기 인식과 분석

우리는 태어나면서부터 성장하기까지 부모나 가족, 형제들과 무수한 말하기를 통해 생각하기 시작하고 정신, 성격을 구성해 왔다. 의식과 무의식을 형성하는 시기에 부모 및 가족의 언어는 나의 정신을 구성하고, 의식, 무의식 형성에 막대한 영향을 미쳐왔다. 또한 나의 말하기 습관, 억양, 톤, 몸짓, 표정 등에도 역할모델로 작용하여 왔다. 따라서 자신의 말하기를 제대로 돌아보려면 자신이 쓰는 언어습관과 인식 방식도 살펴보아야 하지만, 그 이전에 나의 인식과 언어습관에 절대적인 영향을 끼쳐온 부모 및 가족의 언어생활, 생활습관부터 돌아보아야 한다. 심리학에서 자신을 근본적으로 이해하기 위해서 부모나 형제, 가족부터 살펴보아야 하는 이유와 같다.

그렇다면 이제부터 자기에 대한 정확한 인식, 자신의 말하기 형태를 계속해서 살펴보아야 할 것이다. '자기 자신을 알라'는 소크라테스의 궁극적 질문처럼, 자기에 대한 정확한 인식은 결코 쉽지 않은 철학적 과제임을 상기해야 할 것이다.

[연습문제]

1 보호자의 말하기 습관은 어떠한가?
   (억양, 톤, 긍정/부정적, 감정/이성적, 빈도, 길이…)

----

2 보호자와 나의 대화는 어떻게 진행되는가?

----

3 보호자 간의 대화 및 관계는 어떠한가?

---

4 나는 보호자 및 형제 중 누구의 언어습관을 닮아 있는가?

---

5 내가 원치 않는 보호자의 말습관에는 어떠한 것이 있는가?

---

6 나는 보호자와의 대화에서 끌려가는가? 주도하는가? 아니면 거리를 유지하는가?

---

7 부모 및 가족 간의 거리와 대화 방식에 대해서 자세히 분석하기

〈자기 인식〉 – 실제 자기 모습을 인식하기 위해, 있는 그대로 객관적으로 정리하기

1 나는 부모(혹은 보호자)로부터 어느 정도 독립되어 있는가? (심리적, 정신적 등)

----

2 보호자의 말하기 습관과 '나'의 말하기 습관의 공통점, 차이점은?

----

3 나의 '말하기'에 대해서 객관적으로 분석하기 (억양, 톤, 속도, 빈도, 태도, 자세)

----

4 나의 성격에 대해서 객관적으로 분석하기 (예; 적극적, 내성적, 차분한, 활달한, 맹목적, 가벼움, 불안, 걱정, 시기/질투가 많음, 산만함 등)

----

5 타인과의 대화시 나의 매너와 말하기 방식

　1) 대하는 사람에 따라 나의 말하기 자세는 같은가? 다른가? 성찰해 보기.

　2) 대화시 상대에 대한 매너를 지켜왔는가?

　3) 타인에 대해 관심이 있는가? 별 관심이 없는가?

　4) 타인과의 대화시, 내가 주의하는 부분이 있는가?

5) 대화시 상대의 말에 집중하며 경청하는 자세를 취해온 편인가?

6) 타인에 대해 늘 존중하려는 마음가짐이 있는가?

7) 유연한 대화를 하는 편인가? 대화가 끊어지는 편인가? 잘 이어가는 편인가?

8) 앞서의 문항에서 발견한, 나의 말하기 방식에서 보완, 개선할 점을 정리하시오.

2) 말하기는 생존의 기술

우리는 아침부터 저녁까지, 태어나면서부터 죽을 때까지, 수많은 관계 속에서 끊임없이 '말하기'를 수행하고 생활화한다. 인간이 행하는 수많은 행동 중 '말하기'는 그 빈도수와 지속성에서 가장 높은 수위를 차지한다. 또 말하기는 제반 행동을 수행하기 위한 전제가 된다. 전 생애에 걸쳐 교육을 받거나, 관계를 맺거나, 공동작업, 사회생활 등 제반 행위를 하기 위해서는 '말하기'가 전제되어야 하는 것이다.

그러므로 "말하기"는 우리가 일상생활에서부터 사회적 생활을 영위하기 위한 필수불가결한 생존 기술이며, 나의 표현방법이자 소통방법으로써, 우리는 '말하기'에 보다 깊은 관심을 갖고 제대로 배워야 하는 것이다. 그러나 우리들은 일상에서 너무 쉽게 '말하기'를 해왔으므로 그것이 갖는 중요성을 간과하고, 별다른 주의를 기울이지 않아왔다.

'말하기'는 지금이라도, 또 언제라도 그 중요성을 인식해야 하고, 본격적으로 배워야 할, 살아가는데 필요한 가장 강력한 무기이다.

모든 학문과 기술, 인식이 융합되고 있는 작금의 4차 혁명 시대에 있어서도 '말하기'는 타인과의 소통, 융섭을 위한 생존 기술로, 그 의미는 더욱 중요해질 것이다.

2. 말하기의 기술

1) 말하기 전에 생각하라.

가끔 뜬금없는 말을 하는 사람이나 전후사정 모르고 말하는 사람 때문에 난감한 경험들을 해본 적이 있을 것이다. 또 생각 없이 말했다가 난처했거나 화를 당한 경험도 있을 것이다. 앞뒤 맥락 모르고 말하거나, 아무 생각 없이 말하다가 벌어지는 일들이 비일비재하다.

생각이 말하기보다 앞서 있다는 점을 항시 명심해야 한다. 말하기 전에 세 번을 생각하라는 선인들의 조언이 있다. 말은 한번 뱉으면 주워 담지 못한다는 속담도 있고, 밤말은 쥐가 듣고, 낮말은 새가 듣는다는 속담도 있다. 이미 한번 내 입에서 뱉은 말은 타인이 공유한다는 점에서, 생각 없이 실수하기 보다는 생각을 정리하고 말하는 것이 말의 실수를 줄이는 방법이다.

(1) 상대가 처한 상황과 정보를 인지하는 가운데, 말을 해야 한다.

말하기는 듣는 상대가 늘 수반되므로, 상대의 기분과 처지, 특성 등을 파악해야 좋은 '말하기'를 수행할 수 있다.

비가 오는 것을 좋아하는 우산 장사가 있고, 비가 오는 것을 싫어하는 소금장수 이야기를 생각해 보면 알 수 있다. 각자의 처지에 따라 대상(Object)은 반대로 수용되기도 한다. 듣는 상대가 늘 '나'와 같은 처지와 입장이 아니고, 경험과 생각이 나와 다른 타인이라는 것을 늘 염두에 두고, 말하기를 시작하여야 한다. 나의 입장을 말하기보다, 상대의 입장을 고려하여 나와 상대의 절충적 위치에서 말하기를 해야한다. 나의 입장없이 상대의 입장만을 따라가거나, 상대의 입장을 배려하지 않고 나의 입장만 강조한다면, 양자 간의 말하기는 소기의 목적을 달성할 수가 없게 된다.

현수와 만나기로 한 카페에 도착할 즈음에 그 앞에서 우연히 좋아하는 가수와 마주쳤다. 내가 먼저 인사를 하며 손을 내밀었더니, 그 가수는 서슴없이 나의 악수를 받아주었다. 하~ 신기하기도, 뭐 재밌기도…

나는 카페에 들어서자 마자 현수에게 이 소식을 전했다.

"실물이 훨씬 낫던데.....",

"......"

"나보고 웃어도 줬다."

"......"

"악수도 했다. 하하하. 이 손이야"하며 난 오른손을 들어 보였다.

"......" 현수는 계속해서 아무 말도 없었다.

"야! 너 무슨 일 있어?"

"아니...... 아무 일 없어"

"그런데 왜 그래? 요즘 왜 맨날 꿀먹은 벙어리야? 내 말을 듣고나 있는거야?"

"내가 언제 맨날 벙어리야?"

"뭐? 너 요새 맨날 꽁하고, 대답도 안해주고...... 몰라서 물어?"

"관두자... 음...... 내가 너한테 무슨 말을 하겠니?"

"뭐? 관두자고? 나하고 말하는 것조차 싫은 거야?"

나는 축 처진 현수의 기분을 돋아주기 위해서 더 오버하고 더 많이 말을 걸고는 했지만…… 요사이 그는 변했다. 확실히 변한거야…… 나 혼자 너무 좋아했던건가? 그래. 저렇게 대답도 안하고, 내 말에 대꾸조차 하지 않는 거 보면……

　　"그래. 관두자. 나도 이런 대접받고 계속 만날 수는 없어."
　　나는 마음에도 없는 말을 내뱉고 있었다. 그래도 그는 내가 자기를 얼마나 좋아하는 줄 모를 리 없고, 오늘도 자기 때문이니, 자기가 날 풀어줘야지. 뭐. 내가 더 이해해주고 기분만 맞춰주다가는 버릇만 나빠질꺼야…… 라고 생각하던 순간이었다.
　　현수가 처음 고개를 들어 나를 쳐다보았다.
　　"그래. 그러자. 여기서 그만두자. 우리……"

　　현수는 자기도 모르게 생각지도 않았던 대답을 하고 있었다. 그가 하고 싶었던 말을 그게 아니었다. 자신이 군대간다는 말을 어떻게 꺼낼까 며칠 전부터 고심에 고심을 더하던 중이였다. 그런데 고민에 지쳐 아무 말도 할 수 없는 이 순간에 그녀는 갑자기 이별을 선언하고 있다. '기달려달라'고 준비했던 말은 입 속으로 쑥 들어갔을 뿐만 아니라, 그런 생각까지 한 자신이 어이없기마저 했다.

　　그녀는 한동안 말없이 현수를 쏘아보다가, 아무 말없이 까페를 나가버렸다. 그녀를 바래 다주러 함께 나서야 된다고 몸이 들썩 했지만, 현수는 그녀가 던진 '그만둬. 이런 대접받고 는 더 이상 만날 수 없어'란 말이 몸의 반응을 막아세웠다.
　　그래…… 난 그녀에게 아무런 것도 해주지 못해. 기달려 달라는 말은 안하기 잘했어. 밝고 명랑하니까, 나한테 그러듯이 다른 사람한테도 잘해주며 사랑받을꺼야…… 2년 간 군에서 힘 들게 지내면, 잊을 수 있겠지. 현수는 그녀를 쫓아가서 자기 사정을 얘기하는 대신 핸드폰을 꺼내 단축번호 1번 '이쁜 수현'을 지워버렸다. 늘 그래왔듯이 다음날 아침이 되면 언제 싸웠 냐는 듯, 그녀에게 카톡하고 있을 자신을 잘 알기에, 단호하게 그녀의 연락처를 지웠다.

　　까페 들어가기 전까지도 현수를 만날 생각에 한참 신나 있었는데, 이렇게 그 자리를 박차 고 뛰쳐 나올 줄은 예상도 못했었다.
　　나는 이내 애써 밝은 기분을 찾으려 아까 악수를 했던 가수를 떠올리며 핸드폰을 꺼냈다. 신나는 음악을 들으며 기분이나 바꿔봐야지. 그러나 눈에 먼저 들어온 건, 통화기록에 남겨 진 '허니 현수'의 이름이었다.
　　난 할만큼 했어. 내가 알바하느라 얼마나 힘든데, 언제까지 그의 기분만 맞춰줘야 돼…… 날 좋아하는 마음이 있다면 그렇게 행동은 못하는 거지…… 마음이 변한 게 아니라면 연락

하겠지. 이번엔 정말 내가 먼저 연락하는 일은 없을꺼야...... 그래. 쿨하게 가는거야. 나는 '허니 현수' 이름을 만지작 거리다, 입을 앙다물고 삭제버튼을 눌렀다. 그가 잘못했다고 싹싹빌면.... 아니 안빌어도 되지. 아~ 몰라......

　연락해 오면, 그 때 생각해보자.

　위 예문은 젊은 남녀들이, '말하기'를 제대로 하지 못해 오해를 쌓고 이별을 하는 일상의 장면이다. 나이 어린 사람들의 만남이 몇 주, 몇 개월만에 끝나는 경우를 흔히 볼 수 있다. 충분한 대화도 나누어 보지 못하고, 서로 깊이 알아볼 시간도 없이 헤어지는 경우를 많이 본다. 상대에 대해서 다 알지도 못한 채, 나를 다 피력하지도 못한 채 교제가 무산되는데, 이는 대화를 제대로 풀어나가지도 못하고, 원활한 대화를 통해 충분히 상호 이해를 이루지 못하며, 소통이 잘 되지 않았기 때문인 경우가 흔하다. '말하기' 기술이 부족하여, 대화를 통해 서로 간의 거리를 좁히지도 못하고, 소통의 어긋남을 풀어가는 말의 기술도, 경험도 없기 때문에 벌어지는 경우가 많다.

　위 예문의 경우를 보자면, '말하기'는 서로 다른 방향을 향하고 있는데, 무엇이 문제였는지 되짚어 보자.

① 두 사람은 '말하기'에 앞서 상대의 상황에 대한 정보가 부족하여, 자신이 원치 않는 말들로 대화를 전개시켰다. 상대 파악을 하지 않은 채 '말하기'를 선행함으로써, 관계마저 파탄나는 결과를 초래하고 있다. 두 사람 다 이런 결과를 가져오리라 애초에 짐작조차 못했으나, 헤어지고 난 뒤에도 관계를 개선할 수 있는 능력은 없어 보인다. 즉 충분한 대화로 각자의 입장을 설명하고, 상대의 입장을 이해하며 풀어가야 하는데, 그러기엔 둘 다 말하기가 부족하고, 소통의 부족이 헤어짐으로 이어졌다는 사실조차 인지하지 못하고 있다.

② 정보 부족에서 오는 오류

　-여자는 남자가 군대간다는 사실을 모른다.

　-그래서 남자가 말이 없었다는 것을 모르고, 자신에 대해 마음이 변했다라고 오해한다.

－여자는 남자가 '기다려달라'는 말을 깊게 고민할 정도로, 자신에 대해 진지하게 생각한다는 것을 모른다.

－남자는 여자가 자신을 많이 좋아하고 있다는 것을 모른다.

－남자는 그녀가 자신을 좋아해 힘든 상황에도 밝은 태도를 견지하며 그를 대우했다는 것을 모르고, 단지 그녀의 성격이 밝다고만 생각한다.

－남자는 입대를 앞두고 자기 힘든 것만 알고, 여자도 힘들 수 있다는 것을 모른다.

③ 말하기/듣기의 오류

－여자는 남자의 '관두자'는 말이 '언쟁을 그만 하자'는 뜻으로 받아들이기보다, 남자가 자기와 대화하지 않으려 한다고 해석한다.

－여자는 더불어 남자가 자기에게 애정이 식었다고 확대 해석한다.

－남자는 자신의 문제에만 집중되어, 여자의 '그래 그만둬. 이런 대접받고 계속 만날 수는 없다'는 말이, 여자가 관심을 좀 가져달라는 말임을 모르고, '그만 두자'는 말에 반응한다.

－남자는 입대할 생각에 골몰하여 자신감을 잃고, 정작 하고 싶었던 말은 꺼내지도 못했다.

위 예문에서, 우리는 '말하기'에 앞서 대화 상대의 처지와 입장을 고려하지 못한 채, 말하기 함으로써 헤어지는 결과로 이어짐을 볼 수 있다.

'말하기'에 앞서 상대의 안부를 묻고, 분위기를 살피고 질문을 곁들여 어떤 말로 대화를 풀어나갈 지, 사전정보 분석이 선행되어야 하는 것이다. 일상생활의 말하기에서 이 사전 작업이 흔히 생략되기에, 위와 같은 사소한 오해와 갈등이 끊임없이 일어나는 것이다. 예문에서 보듯이 '말하기'가 생각처럼 쉬운 일이 아니라는 점을 환기해야 할 것이다.

2) 상대의 지향과 나의 지향이 일치하도록 말한다.

(1) 말의 순서를 조절한다.

   a.
   아이: 엄마, 나 놀이터에 놀러 나갈께요.
   엄마1: 안돼. 밥 먹어야지.
   아이: 나 배 안고픈데....
   엄마1; 안된다니끼. 밥 먹어야 돼. 나중에 놀아.

   b.
   아이 : 엄마, 나 놀이터에 놀러 나갈께요.
   엄마2: 그래. 나가서 놀아라. 밥 먹고 나가.
   아들: 나 배 안고픈데.....
   엄마 : 놀다가 배고프면 또 들어와야 되잖니. 밥 먹고 나가렴.

위 예문은 부모, 자식 사이에 흔히 벌어지는 일상의 대화들이다. 두 경우 다 아이는 밥을 먹고, 놀러 나가게 될 것이다.
그러나 말의 순서에 따라,
a.경우는 아이의 의견을 부정하고, 엄마의 의지가 강요되고 있다.
b.경우는 아이의 의견을 수용하면서 엄마의 의견도 합리적으로 설명하고 있다.

말에 따른 아이와 엄마 간의 관계를 보자면,
a.경우는 아이에게 강압적인 요구를 하고 있으며, 아이와 엄마의 의견이 대립되고 있다.
b.경우는 아이의 의견을 존중하면서, 상호 우호의 관계가 유지되고 있다.

a와 b의 경우 모두 같은 상황에 있지만, 대화 상대와 나의 의견이 일치되도록 말했느냐? 안했느냐?로 다른 결과를 이끌어 내고 있다. 양자의 의견이 일치되도록 말하기 위해선 우선 상대의 의견을 존중하고, 그 다음 나의 의견과 일치되도록 절충점을 제시해야 한

다. 우리가 일상에서 이런 식의 '말하기'를 계속하여 쌓는다면, 아이와 엄마가 어떤 관계로 발전할 지, 또 a와 b 경우의 두 아이가 어떻게 성장할 지 짐작해 볼 수 있을 것이다.

일상의 대화에서도 우리는 말하기에 앞서 양자 간의 의견일치점을 찾아 그 부분에서부터 말하기를 시작해야 한다. '말하기'가 입에서 나오는 대로 말하는 것이 아님을, 그 중요성을 다시 한 번 생각해 볼 수 있다.

(2) 공동지향점을 향해 말하기를 한다.

우리는 가장 가까운 가족과 친한 지인들 사이에서 가장 많은 말을 하게 된다. 심중의 말도 터놓고 이야기한다. 그러나 점차 집단보다 개인이 중요해 지고, 핵가족, 혼족이 되어 가고 있는 이 시대에 가족, 지인과의 대화에서도 필요없는 마찰을 줄이기 위해선 평소 '말하기' 습관을 잘 들여야 한다.

우리 모두는 일상의 대화로부터 부모, 형제 및 자식, 이웃, 교우들과의 관계를 만들어 간다. 또 이런 일상의 대화를 바탕으로 나와 상대의 '성격'과 '환경', '미래'를 만들어 가는 것이다. 가족과 친지, 교우들의 지향점에 나의 지향을 맞추는 것이 공동체 생활이다. 그러므로 우리는 일상생활의 사적 말하기에서부터 서로의 지향점을 맞추어 말하는 습관을 가져야 한다.

말하는 순서로는 상대방의 안부를 묻는 인사(상대의 안녕 묻기, 부모형제, 교우의 근황 묻기, 상대의 소일 및 생활 파악 등)의 말을 하고, 친교를 위한 일상의 대화(날씨, 시사(時事), 의식주, 공통의 관심사 등) 등을 먼저 하게 되면, 대화 상대의 상태와 처지를 파악하는 가운데 대화를 시작할 수 있을 것이다.

이런 일상의 대화를 나누는 가운데 상호간 우호관계를 확인할 수 있으므로, 가벼운 말들로 대화를 풀어가는 것이 바람직하다. 보통 과묵하거나 말이 없는 사람의 경우, '무슨 말을 해야 할지 모르겠다'는 이유가 많다. 여자보다 남자의 경우가 많은데, 가족 간에도 별 말없이 지내는 것이 습관으로 고착되어, 중년 이후 '외롭다'고 호소하는 남자들이 많다. 이는 남성의 경우, 일상 대화 즉 생활에서의 사사로운 대화를 간과하던 사회적 관습에 기인된 점이 크다.

현재, 미래의 융합산업, 기술집약 생산체제를 살기 위해서는 다수의 사람들과 융합, 협업해야 한다. 다른 사람들과의 말하기(소통)는 곧 관계맺기의 시발이라는 점을 유의해야 할 것이다. 대화는 가벼운 안부나 일상의 대화로부터 풀어나간다는 점에 유의하자.

3) 상대의 이익에 맞추어 말한다.

a.
남자; 주말에 저와 데이트할래요?
여자: 네? 저 그럴 생각 없는데요.

b.
남자: 한국 블록버스터영화 새로 나왔던데. 그 영화 봐야 되는데……
여자: 그렇죠. 강동원의 그 영화 봐야 되죠.
남자: 주말에 무슨 특별한 약속 있어요?
여자: 아뇨. 아직 없어요.
남자: 그럼 영화보러 갈래요? 주말에 제가 그 영화 보여드릴께요.
여자: 그럴까요. 그럼 고맙구요.

위의 두 경우 모두, 여자에게 데이트를 신청하는 '말하기'이다. 데이트가 남녀가 만나 영화를 보거나 식사를 한다는 면에서, 둘 다 데이트하자는 의도를 가졌다. 데이트 신청은 성공과 실패로 나뉘기 마련인데, 두 경우는 성패의 전형적인 예이다.

a.경우 말하는 이는 자기 생각에만 집중했지 상대에게 데이트, 즉 남녀의 친밀관계 맺기라는 부담을 주는 말을 함으로써 거절당한다. 상대의 입장에서 보자면 느닷없이 이성과 친밀관계를 선택해야 하는 것이다. 여자가 평소 남자에게 별 생각이 없었다면, 거절될 확률이 높은 제안을 한 것이다.

이런 '제안'의 말하기는 개인은 물론 기업이나 사업 등 각종 교섭, 계약관계, 채용에서도 중요한 결정으로 이어진다. 상대가 받아들일 수 있는 제안이 되도록, 상대의 이익과 나의 이익의 절충점을 찾아 '말하기'를 시작해야 한다.

b.경우는 여자에게 데이트(= 남녀의 친밀관계)라는 부담을 안주었기에 여자는 선선히 만남에 응한다. 동시에 상대의 관심과 이익을 고려한 제안이었기에 여자는 거부감없이 제안을 받아들인다. 말하기의 기술에 따라 제안의 결과가 얼마나 달라질 수 있는지, 알 수 있는 예이다.

제안의 말하기는 프로포즈, 부탁, 계약, 매매 등 사회에서 일을 성사시켜 나가는 중요한 관문이다. 말하기에 앞서서 상대의 이익을 배려하는 자세로 시작하는 것이 좋은 대화로 이어지는 방법이다.

말하기는 우리 생활에 아주 중요하고 직접적이며 생활밀착형 기술이라는 점을 깊이 인식해야할 것이다.

3. "말하기"의 어려움

'말하기'는 혼자 수행하는 것이 아니라 본인과 타인 혹은 타인들과의 상호작용이라는 점에서 생각처럼 쉬운 일이 아니다. 사회심리학에서는 '상호성의 법칙(Law of reciprocality)'이 관계를 전면적으로 지배한다고 본다. 쉽게 적용해 보자면, 오는 말이 고와야, 가는 말이 곱다는 원리다.

말하기는 직접적 대면이든 통화든 영상이든, 2인 이상이 소통과정을 수반한다. 타인은 나와 다르기 때문에, 내 본래의 의도와 달리 나의 말이 상대에게 다른 의미로 들릴 수 있다는 점을 명심해야 한다. 이는 입장 바꿔서 상대가 하던 말이 나에게 모두 듣기 좋은 말이거나 이해되는 말이 아니었다는 점을 생각하면 쉽게 짐작할 수 있다. 대화 상대는 나와 다른 환경과 생각을 갖는 존재이기에, 화자와 청자는 각기 다른 의미망을 갖고서 대화를 나누고 있다는 점을 늘 감안해야 한다.

'말하기'는 대화로 이어지며, 대화를 잘 수행하느냐 못하느냐에 따라 소통의 성패가 나뉜다. 소통의 결과 나와 타인에 대한 평가가 결정되기도 하고, 관계의 선호도가 나뉘어지기도 한다.

대화과정에서 벌어지는 사소한 시비들은 사실(fact)보다는 말의 전달과정에서 비롯되는 경우가 많다. 말하기를 통한 소통이 잘 이루어진다면, 타인과의 오해와 시시비비는 없을 것이다.

이렇듯 '말하기'는 자아와 타자의 관계를 맺어주고, 관계의 호오(好惡)를 결정지으며, 관계 속에서 '나'를 형성하는, 내가 가장 많이 하는 행위 중 하나이다. 또 세상에 '나'를 표현하고, 구성하며 실현하는 행위이다. 이렇듯이 '말하기'가 우리 삶에서 중요한 역할을 하는 만큼 우리는 '말하기' 기술에 새롭게 관심을 갖고, 잘 습득하고 연마해야 할 것이다.

1) 수위 조절

상대와 대화 시 내가 나 자신의 생각과 상황에 갇혀서 말하는 지, 자신을 먼저 살펴보아야 한다. 그리고 상대가 놓여있는 상황, 평소 견해, 정서들을 살펴보고 말을 시작하는 것이 좋다. 만약 상대가 컨디션이 안 좋을 경우나, 중요하다고 생각하는 바의 우선 순위가 다를 경우, 나와 경험이나 이해가 다를 경우 등등 나와 말하는 상황과 처지가 똑같지 않은 경우가 많다는 점을 감안해야 한다.

말의 강도와 억양 등 상대의 처지와 상황에 맞게 수위를 조절할 수 있어야 한다.

  a. 장군 : 적군이 많다 하여 물러서거나 도망가는 자! 단 한명도 남김없이 베어버릴 것이다. 모두 앞으로 돌진!

  b. 장군 : 뒤로 물러서면 우리 모두 죽는다. 살고 싶은 자, 용기있는 자는 나를 따르라.

예문에서 보듯이, 전투 현장은 말의 강도와 수위가 높은 장소이다. 수천, 수만 명의 생사가 오고가는 곳에서 대인원이 일사분란하게 움직이기 위해선 말의 강도, 수위가 높아질 수밖에 없다.

예문에서 a.의 말을 들은 병사들은 앞으로 가도, 뒤로 가도 죽게 생겼다. 장차 생사를 알 수 없는 처지에 놓였으니 싸울 때까지 싸워보자는 생각도 들겠으나, 동시에 병사들은 살기 위해서 적에게 투항하거나 도망갈 옆길이 없는지도 생각하게 될 것이다. a. 경우는 병사들이 타인에 의해 강압적으로 목숨을 내놓아야 하는 상황이 되므로, 본능적으로 자기가 살 길도 염두에 두게 될 것이다.

a.의 말을 한 장군은 병사의 입장을 전혀 고려하지 않은 '말하기'를 하고 있다. 전쟁의 성과만을 강조할 뿐, 자기를 따르는 병사들의 목숨을 하찮게 여기고 있다. 인간 아니 동물이라면 누구나 생사의 갈림길에선 살기 위해서 모든 것을 할 수 있다는 기본원리를 간과하고 있다.

b.의 말을 들은 병사들은 다 함께 죽거나, 다 함께 살아야 한다는 두 가지 선택지에 놓이게 된다. 살기 위해서는 병사들의 자발적 용기가 요청되는 상황이다. 자신이 살기 위해서는 자신도, 동료들도 용맹스럽게 전투에 임해야 하는 것이다. 그것도 장군이 솔선수범

하여 앞장 서는 측면에서, 병사들은 장군을 도와 자기가 살 방법도 마련하고, 승리를 통해 자기 가족과 나라를 구한다는 생각에 열심히 전투에 임해야 한다는 선택을 할 수밖에 없다.

b.를 말한 장군은 병사들에게 병사가 살기 위한 방법과 모두가 살고 가족과 나라를 구하는 방법을 제시하고 있다.

용장 아래 용군이 나오고, 졸장 아래 졸군이 나온다고 한다. 병사가 놓인 상황과 처지를 잘 파악해 병사들에게 살 길을 제시하는 것이 중요하다. 또 병사들을 용맹하게 지휘하기 위해선, 병사들의 용기를 북돋는 말, 용맹함을 불러일으키는 장군의 '말하기'가 그 어느 때보다 강력한 힘을 발휘하는 것이다.

유럽을 통일하고 최초의 황제가 된 Ceaser (=황제)와 그의 장군 부르투스가 용맹함보다는 천하의 웅변가로 더 유명하였음은 이를 잘 설명해 준다. 전투 병사들 앞에서 그들이 행한 출사(出使)의 웅변은 군사들의 용기를 북돋아, 승리를 이끌고 나라를 구한, '말하기'의 위대한 힘을 보여준 역사적 사례이다.

현대의 우리는 각종 산업 및 거대자본 제국주의 하에, 예문과 비슷한 전장의 현실을 살아가고 있다. 즉 현대의 우리는 높은 수위의 말들이 범람하는 치열한 경쟁구도 속에 살아간다. 위 예를 통해서 보았듯이 우리는 말하기의 수위를 가늠하고, 스스로 조절할 수 능력을 갖추어야 한다. 어쩌면 말의 수위를 조절할 수 있어야, 살 수 있는 곳이 현대인의 전쟁터일 것이다.

서양 격언에 '종교와 정치를 갖고 대화하지 말라'는 말이 있다. 절에 가서 예수부활의 믿음을 강조하는 것은 논쟁을 야기할 것이고, 보수주의자들 앞에서 혁명과 개혁을 강조하는 것은, 상대의 불안을 가중시켜 논쟁으로 이어지기 쉽다. 실제로 타종교 지역에서 자신의 종교를 선교하다가, 죽임을 당한 경우들이 많다. 말하기할 상대와 장소, 환경, 수위를 고려하지 않고, 대화 상대의 입장보다 자신의 소신(신앙)이 앞선 경우이다.

말의 수위는 상대와 장소, 분위기에 따라 말의 수위를 조절해야 한다. 상대의 정서, 그가 처한 상황과 환경, 시공간 등을 고려하며, '말하기'를 조절해야 한다. 서로 입장이 다를 경우, 말하기에 특히 주의를 기울여야 한다.

또 대화중에도 자신의 말 수위를 스스로 조절할 수 있는 통찰력과 자제력을 키워야 한다. 대화하며 자신이 감정에 치우친 건 아닌지, 편견은 아닌지 자기자신을 통찰해야 한다. 보통, 사람들은 자기의 생각이 자신의 주관이자 편견이라는 점을 알아차리기가 정말 쉽지 않다. 내 의견과 반대되는 입장에서 보자면, 내 의견이 편견일 수도 있다는 점을 고려해야 한다.

그리고 감정이나 자기 주관에 치우쳐서 자신이 대화하고 있다면 말하는 중간에라도 멈춰서던가, 화제를 바꾸던가, 사과를 하던가, 여러 방법을 동원해 스스로 말하기를 자제할 수 있어야 한다. 특히 대화시 억양과 언성이 높아질 때는 자제력이 절실히 요구된다.

〈말의 수위를 조절하기 위한 방법〉

- 한 뜸을 쉬어간다. 차를 한잔 마시거나 큰 호흡을 한다. 실제 차는 심신을 안정시킬 수 있고, 심호흡은 자율신경계를 조절하는 기능을 한다.
- 말의 억양이나 톤을 차분하게 바꾼다. 흥분했을 경우 말의 억양을 가라앉힘으로써 상호간에 심리적으로 안정감을 찾을 수 있다. 소리는 음파, 파동과 관련되는데, 조용한 음악을 들으면 심신이 안정되듯, 말하기의 소리 조절을 통해서도 분위기를 변환할 수 있다.
- 표정이나 말의 억양, 농담 등 분위기에 변화를 줄 수 있다. 심각한 분위기의 경우 분위기 전환의 미소나 웃음, 농담 등으로 분위기를 전환하도록 한다.
- 시간을 유예하는 방법이 있다. 다음 기회, 혹은 휴식이나 식사 이후로 시공간을 바꾸는 방법이 있다. 휴식의 경우 긴장된 신경을 완화시켜 주고, 식사의 경우는 소화를 위해 신경이 위쪽으로 몰려서 머리의 예민한 신경을 감소시킨다. 식사 후 졸음이 오는 것은 소화를 위해 신경이 위로 몰려, 머리가 쉬게 되기 때문이다.
- 말의 주제를 돌려 주변을 환기(換氣)시키는 방법 등을 고려해야 한다. 대화 분위기가 민감할 경우, 말 내용의 순서를 바꿔 민감한 문제는 나중으로 넘기는 방법을 고려한다.

2) 감정의 조절

원만한 대화를 위해서는 말하기에 앞서 감정조절이 되어 있어야 한다. 감정 조절은 본인과 상대 모두에 해당한다. 말을 할 때, 충분히 감정을 조절할 수 있다면 대화가 파국으로 치닫는 일은 없을 것이다.

시비와 다툼의 말하기를 보면 늘 감정이 앞서 있게 마련이다. 따라서 화자가 말을 하면서 화를 내거나 비방을 할 때, 상대 역시 본의 아니게 감정적으로 대응하게 된다. '목소리 큰 놈이 이긴다'는 말을 처세로 알고 살아가는 사람들은, 더 큰 목소리를 내다 싸움을 벌이기도 한다.

그러나 그런 순간에는 상대의 감정에 대응하지 말고, 감정에 휘말리지 않기 위해서 나의 차분한 분위기를 견지해야 한다. 그래도 힘들 경우는 잠시 휴지(休止) 시간을 갖도록 한다. 상대나 나의 감정이 수그러들 때까지 기다리는 것이 좋다. 상호 간에 감정적 대립이 없을 때, 내가 말하려는 바를 제대로 전달할 수 있으며, 상호 간에 건설적인 대화를 나눌 수 있게 된다. 그래야 관계를 우호적 관계로 유지할 수 있게 된다.

즉 '말하기'를 할 때는 그 안에 섞이는 감정의 높낮이를 잘 관찰하고, 이를 효과적으로 조절할 수 있어야 한다.

그의 말은 곧 그의 성격과 인성, 인품을 대변한다.

4. '말하기' 방식

1) 말의 핵심을 분명하게 전한다.

우리는 상대가 장황하게 말하는데, 도대체 그가 하고 싶은 말이 무엇인지 모를 때가 있다. 마찬가지로 '그래서 너가 말하고 싶은 것이 뭐야?'고 상대가 되물어 온 경험도 있다. 생각나는 대로, 입에서 나오는 대로 말을 하면 정작 말의 핵심을 놓칠 수가 있다. 상대가 분명히 인지했는지 확인하며, 말하고자 하는 바의 핵심은 반복하기를 통해서라도 분명하게 전해야 한다.

2) 말은 쉽게, 간결하게 한다.

말하기와 듣기는 한번에 이루어지고 끝나는 작업이다. 글처럼 기록이 남아서 다시 읽을 수 없기에 듣는 상대가 들으면서 바로 이해할 수 있도록 쉽고, 간결하게 말하는 것이 좋다. 말이 끊어짐없이 계속될 경우 듣는 상대는 무엇을 전하고 싶은지 모를 수 있다. 또 많은 말에 가려 정작 중요한 말은 흘려 들을 수도 있다.

중요한 내용은 쉽고 간결하게 요약하여 말의 앞부분이나 뒷부분에서, 또는 말의 앞과 뒷부분에서 강조하여 말한다.

특히 공적인 장소에서나 청자가 다수일 경우, 모두가 분명하게 듣고 이해할 수 있도록 쉽고, 간결하게 말하도록 해야한다.

뇌과학에서는 성인의 경우도 공식적인 자리에서마저 초반 15~20분까지 집중력을 최고도로 발휘한다고 한다. 50분까지는 70% 정도의 집중력 저하가 이루어진다고 한다. 하물며 다 성장하지 않은 상대 앞에서 혹은 사적인 자리에서 길게 말을 이어간다면 청자는 듣지 않게 된다. 듣는 청자가 없는 '말하기'는 의미 없는 것이므로, 끝내는 것이 오히려 낫다. 간혹 말을 길게 하는 사람의 경우를 보는데, 상대가 부담스러워 하는지 관찰하며 시간 조절해야 한다.

3) 말은 늘 상대를 향하고 있어, 부드럽게 해야 한다.

대화를 순조롭게 이어갈려면 순화된 어휘 선택과 안정된 억양을 유지하도록 유념해야 한다.

거칠고 강한 어휘 사용은 상대와 나를 흥분시키거나 감정적으로 만들 수 있다. 비어와 속어, 욕설 등이 대화에서 오고간다면, 서로 존중하기 어렵게 되어, 우호적인 대화를 이어나가기 어렵다. 자기주장이나 이익을 강화하기 위하여 억양을 높이거나 감정적으로 대화를 풀어간다면, 짧게는 성취감이나 이익을 얻을 수 있겠으나 길게 보면 자기의 말습관, 성격으로 고착되어 타인들이 기피하는 사람이 될 수 있다. 무언가를 주장하기 위해, 얻기 위해 항시 거칠고 억센 말을 사용하는 사람은 대부분 선호하지 않을 것이다.

전쟁을 겪고 난 뒤에는 말이 거칠어지고 세진다고 한다. ㅆ, ㄸ, ㅃ, ㄲ의 된소리 말들이 증가하는데, 이런 센 발음들은 욕설이나 비어에 많이 사용되는 것이다. 전쟁에서 험난하고 거친 상황을 거치며, 격앙된 감정이 자극적인 센소리를 통해 분출되는 것이다. 즉 감정이 안정되지 못할 때, 센 단어 선택, 감정적 어휘선택을 하게 되는 것이다.

혹시 자신의 감정과 폭력성을 조절하지 못한다면, 곱고 순화된 말, 차분한 억양을 사용하면서 폭력성이 많이 감소되었다는 교도소의 실례들을 참조하면 좋을 것이다. 교도소에 합창단이 많다는 것도 비슷한 예가 될 것이다. 곱고 아름다운 가사와 선율로 폭력성과 재범율을 감소시키는 효과를 보면서, 세계 많은 교도소가 합창단을 운영하게 됐다는 얘기는 좋은 예가 될 것이다.

　　그대, 아름다운 삶을 원한다면, 고운 생각과 고운 말을 습관화하라.
　　행운을 불러들이는 제1의 원리는 긍정적인 생각과 감사하다는 말이다.

보통 사람들은 타인과 대화 시, 거친 단어와 격앙된 억양으로 말하는 사람에게 부담을 느끼게 된다. 상대와 대화하며 감정요동을 겪으면, 사람들은 자연스럽게 평화와 안녕을 위해서 그를 회피하게 된다. 반면 순화되고 안정된 말로 유연한 대화를 나누는 상대에게서 세련된 매너를 느끼게 된다. 부담이 없고 평온한 분위기를 연출하는 그런 상대와 대화를 나누는 것은 즐거운 일이 된다. 따라서 전자와 달리, 이런 대화법을 가진 사람과는 대화를 계속하고자 한다.

따라서 자신이 좋은 매너를 지닌 사람이 되고자 한다면, 매일 일상에서 말을 할 때 순화된 단어를 사용하고, 차분하고 안정된 억양 유지를 습관화해야 한다. 사소할 듯하지만, 일상의 이러한 태도가 평화와 안녕을 가져온다는 점을 감안하면 매우 중요한 습관임을 알 수 있다. 우리가 갖게 되는 순간의 감정들은 거개가, 생활 속에서 나의 주변을 오가는 무수한 말에서 비롯됨을 통찰하고, 이에 잘 대응할 수 있게 준비해야 한다.

익숙하게 자주하여 몸에 베인 행동양식을 습관이라 한다. 말하기는 자신에게 깊게 베여서, 자신이 잘 알아채지 못하는 습관적인 행위이다.

좋은 말과 매너를 습관으로 들이기 위해선 생활 속에서 무수하게 뱉는 나의 말버릇을 주시하고 관찰해야 한다. 나쁜 말습관을 찾아내고, 하나씩 고쳐나가도록 하자.

a. 아이고 우리 수현이가 시험을 망쳤다고? 사람이 실수할 때도 있는거야. 공부하느라 힘들었을
텐데 맛있는 거 먹고 푹 자렴. 다 잊고, 다음엔 실수하지 않도록 더 노력하면 되지.

b. 뭐라고? 시험을 망쳤다고? 저 자식. 내가 놀 때부터 알아봤다. 너가 도대체 잘하는 게 뭐야?
그렇게 공부 안하다 막노동이나 하며 살래?

    1) 생활 속에서 a.나 b.의 말 중에서 당신은 어떤 말을 듣고 살고 있는가?
      a.나 b.중 어떤 말을 들으며 살고 싶은가?

----

    2) 1)에서 원치 않는 말을 듣고 산다면, 상대를 개선하기 위하여 어떤 설득의 말을 할 수
      있는가?

----

    3) 나는 일상의 사적 생활에서 a.나 b. 중에서 어느 쪽에 가까운 말을 하며 살고 있는가?

----

    4) 장차 a.의 말 습관을 가지고 살 것인가? b.의 말 습관을 가질 것인가?

----

* 개개인은 각자의 말하기 방식이 습관으로 젖어있어, 자신의 말 습관을 객관적으로 파악하기가 힘들다.

1 위의 말하기 방식의 3가지에 비교하여, 일상에서 나의 말하기 방식은 어떠한 지 객관적으로 성찰해 보자.

---

2 1.에서 성찰한 것을 바탕으로, 개선 사항과 개선할 방법들을 정리해 보자.

---

5. 화자와 청자의 관계

1) 상대에게 칭찬의 말과 우호적인 말을 하라.

대화는 타인과의 관계 유지를 위한 최전선의 매개이다.

대인관계나 자신의 인품을 위해서도 칭찬하는 말과 우호적인 말하기를 습관화해야 한다. 내 마음과 생각부터가 긍정적이고, 우호적인 말을 쓰도록 시스템화되어 있어야 한다. 말은 아주 짧은 시간에 나오고, 세상에 퍼지는 특성이 있으므로 나의 생각과 마음부터가 그러해야 한다. 상대를 부정하거나 비난하는 말은 관계에 악영향을 미친다는 점은 다시 말할 필요가 없겠다. 자신이 부정적이고, 비난하는 말 습관이 있는지 없는지 잘 살펴보아야 한다.

칭찬할 때는 구체적으로, 실제적인 장점을 찾아서 칭찬해야 한다. 예로 못생긴 사람에게 터무니없이 '정말 잘 생겼다'고 말하면 상대는 립서비스라는 것을 알고, 화자가 진솔한 사람이 아니라고 생각할 확률이 더 높다. 그 대신 상대의 장점을 찾아, 구체적으로 칭찬해야 한다. '너는 남자답게 생겼어', '넌 독특한 매력이 있어', '작고 긴 눈이 그윽하지' 등 장점을 찾고, 그에 근거하여 칭찬해야 상대가 인정하게 된다. 그리고 자기에게 관심을 갖고 숨겨진 장점을 알아봐 준 상대에게 고마운 감정을 갖게 된다. 빈말로 칭찬하는 것은 상대가 진심이 아니라는 것을 알고, '왜 이러지? 나한테 부탁이 있나?'라고 오히려 없던 경계심마저 갖게 된다.

[연습문제]

가훈; 내가 생긴 게 산도적 같다고, 여친이 별로래. 곱상한 너는 좋겠다.

나훈; 내가 봐도 너 무섭게 생겼어. 생긴 건 정말 아니지.
다훈: 아냐. 너도 잘 생겼어.
라훈: 우락부락하게 생긴 게 남자다운 거지. 곱상한 거보다 남자다운 게 나아.

※ 가훈에 대한 나훈, 다훈, 라훈의 대답의 차이점을 설명해 보시오.

----

2) 말실수를 했을 때는 그 자리에서 실수를 바로잡고, 사과를 하도록 한다.

말을 하다보면 누구나 실수를 할 수 있다. 그러나 자신의 말실수에 대해 바로 인정하고 잘못을 정정하느냐, 그냥 넘어가느냐에 따라 전혀 다른 결과를 초래할 수 있다. 실수에 대해 바로 사과를 하면 대부분 상대는 사과를 받아들이거나, 감정에 앙금을 남기지 않는다. 누구나 실수할 수 있다고 생각하고, 크게 게의치 않는다. 그러나 화자의 말 실수로 청자가 기분 나쁜 채 헤어졌다면, 사과를 받지 못한 상대는 말 실수가 아니라 고의였다고 생각할 수 있다. 때로는 예상치 못한 적개심으로 비화될 수도 있다. 말의 실수가 시간이 흐르면서 상호관계에 금을 가게 할 수도 있고, 생각지 못한 후한을 남길 수도 있다.

말의 실수를 했을 때는 바로 그 자리에서 사과함으로써 상대의 기분을 풀어주고, 괜한 오해를 키우지 않도록 바로잡는 시정이 필요하다.

3) 인사와 감사의 말을 잊지 않도록 한다.

'말하기'는 정보전달에만 그 목적이 있는 것이 아니다. '말하기'의 목적은 친교와 우호적 관계, 공감대, 공존, 공생 등에 더 많은 비중을 두고 있으며, 이것들은 '말하기'의 궁극적 목적이기도 하다. 따라서 대화 상대와 관계를 유지시키기 위한 말의 접촉(Contact)적 기능을 잘해야 할 것이다. 연인 간의 속삭임은 정보전달이기보다는 친밀함을 위한 행위이듯이, 인사는 상대에 대한 관심과 예절이면서, 관계에 대한 확인이다.

인사는 상대와 소통하기 위한 전제조건으로써, 관계지속을 위해서 인사의 말은 매우 중요하다. 대화 시작에 상대에 대해 안부를 묻고, 마무리로 상대의 안녕을 바라는 마음을 전함으로써, 대화 중이나 대화 이후에도 대한 서로에 대한 좋은 인상을 유지하고, 서로 간에 안녕을 바라게 한다.

　감사의 말 역시 마찬가지이다. 어색해서 혹은 겸연쩍어서 감사의 말을 못하거나 안하는 사람들이 있다. 하지만 역지사지로, 내가 상대에게 호의를 베풀었는데 상대가 감사함을 말로 전하지 않는다면 나는 상대의 마음을 알 길이 없다. 상대의 무반응에 무색할 수도 있고, 상대가 내 호의를 좋아하지 않는다고 생각할 수도 있다. 경우에 따라서는 서운할 수도 있고, 상대가 고마운 걸 모르는 사람이라고 생각할 수도 있다. 그러므로 나 역시 상대에 대한 감사한 마음을 진심어린 말로 꼭 전하도록 한다.

　감사의 말은, 상대 본인에게 직접 전하는 것이 좋다. 21세기 '대면철학'에 의하면, 얼굴을 맞대는 것, 얼굴을 맞대고 말하는 것은 내 존재를 각인시키고, 내가 전하고 싶은 바를 성공적으로 전달시키는 강력한 힘을 지니고 있다.

　인사와 감사의 말은 기본적인 예의에 해당되며, 훌륭한 매너를 위해서도 필수적이다. 진심어린 인사와 감사의 말은 생략하는 법 없이, 때를 놓치지 말고 직접 전달하는 것이 바람직하다.

4) 상대의 의견을 인정하는 말을 먼저 한다.

　대화를 할 때 서슴없이 상대의 말을 반대하거나 상대의 말을 중간에 짜르며, 자기 말을 강조하는 사람들이 있다. 이는 늘 언쟁을 벌이거나 대화상대로부터 반감을 사는 사람들이 갖는 공통점이다.

　사람들은 모두 생긴 것이 다르듯이, 모두 각자의 생각이 다르다는 점을 충분히 인지하고 대화를 나눠야 한다. 상대를 존중한다는 것은 다름아닌 상대의 의견, 즉 그의 말을 존중하는 것이다. 따라서 나와 의견이 다르다고 해서, 상대의 말을 무시하거나 반박하는 것은 상대의 입장에서 보자면 자신을 무시하고 거부하는 행위와 다르지 않다.

　따라서 부득이 상대의 의견과 나의 의견이 상충될 때는, 우선은 한발 물러서서 상대의 말을 수용하도록 노력한다. 그 다음 상대와 다른 내 의견을 개진하는 것이 대화를 원만하게 풀어가는 방식이다.

상황

나은 : 너 아무 것도 모르면 가만있어.

가은 : 너는 말할 때마다 날 무시하더라. 지금은 아주 대놓고 무시하네.

반응

a.

나은 : 내가 언제 널 무시해? 너 무슨 자격지심 있니? 아무것도 모르면서 정말 왜 그래?

가은 : 뭐라고? 자격지심이라고? 그래 난 아무 것도 모른다. 넌 얼마나 잘 아는데?

b.

나은 : 뭐? 하여튼 그렇게 느꼈다면 미안해. 너가 지금 상황을 잘 모르니까 가만있는 게 낫다는 거지. 너를 무시해서 하는 말이 아니야.

가은 : 아~ 내가 늦게 와서 상황파악은 안되네. 내가 괜히 예민했네.

a.와 b.는 같은 상황에서 나은이 어떠한 대화 자세를 보였느냐에 따라 다른 결과로 이어지고 있다. a.는 오해가 언쟁으로 전개되었고, b.는 오해가 풀리는 것을 보여준다.

a.의 경우는 둘 다 감정적으로 대응하다 언쟁으로 전개되는 모습이다. a.에 비하여 b.의 나은은 한 발 뒤로 물러서, 우선 상대의 입장을 수용하는 모습을 보여준다. 사과를 먼저 하여 가은이 감정적으로 비약할 것을 막고, 뒤이어 가은이 상황을 오해했음을 설명한다. 사과와 설명을 들은 가은은 자신도 한 발 물러나 감정적으로 대응하는 대신, 상황파악을 하고 있다.

이렇듯이 상대와 의견이 대치될 때는 한 발 물러서는 어휘들을 써서, 수용적인 자세를 보여주는 것이 현명하다. 예문 a. 보듯이 다툼은 사소한 오해와 서투른 말하기로 빚어진다. 상대와 의견이 상충될 때에는 우선 상대의 의견을 수용하는 입장을 취하면 언쟁으로 비화되는 것을 막을 수 있다. 말은 몇 초 사이로 오고가기 때문에, 순식간에 서로 오해가 빚어지고 언쟁으로 이어질 수 있다. 그러므로 대화할 때에 상대의 의견을 먼저 수용하는 태도를 습관화하면, 불시에 생기는 오해와 언쟁을 피할 수 있을 것이다.

상대와 의견이 상충될 때, 다음과 같은 수용하는 언어와 자세를 갖으면 원치않은 언쟁을 피하며, 동시에 자신의 다른 의견도 개진할 수 있을 것이다.

> "아니요. 전 생각이 다른데요"
> ⇒"아! 그렇군요.~~. 실례합니다만, 전 또 이런 생각도 해봤어요. ~~"
>
> "선생님 생각은 틀렸어요. 저의 방법이 더 맞다고 생각합니다."
> ⇒ "선생님 의견에 공감합니다...... 외람됩니다만, 또 다른 방법도 생각해 봤어요. ~~"
>
> "판매가 중요하다는 걸 누가 모르나? 판매보다 구매자들의 확보가 더 우선되고 중요해"
> ⇒ "판매가 중요하단 말에 전적으로 공감해. 맞는 말이야......
> 　　그런데 순서상 판매보다 구매자들의 확보가 더 우선되고, 중요한 것 같아~~"

'내가 대접받고 싶은 만큼, 남을 대접하라'는 경구는 대화상의 말하기에도 해당된다. 상대와 의견이 다를 때, '내 의견을 인정받고 싶은 만큼, 상대의 의견을 인정하라.' 상대의 의견을 먼저 인정해야, 상대도 나의 의견을 경청하려 할 것이다.

5) 훌륭한 '말하기'는 '듣기'에서 시작한다.

'토크쇼의 제왕, 대화의 신'이라 불리며 50여 년간 라디오, tv 진행을 해 온 래리 킹은 〈대화의 신〉이란 저서에서, 훌륭한 대화는 90% 듣기와 10% 말하기로 이루어진다고 말한다. 래리 킹은 자신이 '세계최고의 앵커'로 성공하게 된 것은 '경청'이라는 비결에 있었다고 말한다. 그리고 그는 최고의 화자들만 아는 말하기 습관을 정리하였는데, '말하기'로 성공한 현자들의 조언을 새겨듣고, 자기 것으로 습관화하는 것은 '성공적인 말하기'를 익히는 지름길이 될 것이다.

말하기/ 듣기는 화자와 청자가 그 위치를 번갈아 행하는, 한 묶음의 행위이다.

상대가 말하는 것을 듣지 않으면, 당연히 그 내용을 모른다. 역시 내가 말하는 것을 상대가 듣지 않는다면 상대는 내가 말한 바를 모른다. 그러므로 말하기를 잘 할려면 우선 듣기부터 잘해야 한다.

가끔 논쟁하는 장면을 지켜보면, A는 a 이야기만 강조하고, B는 b이야기만 강조하다 그냥 헤어지거나 때론 분쟁으로 치닫는 경우를 종종 본다. 대화이기 보다는 논쟁이라 칭할 수 있는데, 대화는 서로 상대의 말을 잘 듣고, 그에 맞추어 말하는 '소통'인 것이다.

　래리 킹이 대화의 성공비결이라고 말한 〈90% 경청/ 10% 말하기〉와 비교할 때, 과연 자신은 대화시 얼만큼의 시간비중을 차지하며 말하고/ 듣는지 곰곰이 생각해 볼 일이다. 가끔 자기 말만 하고, 남의 말은 듣지 않는 사람들을 볼 수 있다. 그런 대화 습관을 가진 사람들의 말을 자세히 분석하면, 대부분은 자기 자랑, 자식 자랑, 돈 자랑, 능력 자랑 등 등 끊임없이 자랑만 쏟아낸다. 그 이유는 상대의 말을 듣지 않으니, 상호간에 오고가는 대화 내용이 없는 것이다. 자기 얘기만으로 말을 이어가다 보니, 없는 일도 꾸며내 말하느라 점차 자랑으로 말이 이어지는 것이다. 이는 대화 즉 상호간의 소통이 아니며, 대화를 아예 모르는 것이다. 필자도 간혹 그런 사람을 봤지만, 그들이 공통적으로 말하는 것은 '외롭다'였다. 혼자 이야기를 다 하니, 어디가도 대화가 안되는 것이다. 타인과의 소통이 없으니, 외로울 수밖에 없지 않겠는가. 상대의 말을 듣지 않거나, 말(의견)이 서로 오고 가지 않는 대화는 대화가 아니다. 독백이고, 방백일 뿐이다.

　각자 자신의 말하기/듣기, 대화에 대해 진지하게 성찰하고, 계속해서 점검해야 한다. 시대에 따라, 나이에 따라, 환경과 지위에 따라 그에 맞는 말하기/듣기, 대화를 제대로 하고 있는지 성찰해야 한다. 시대에 맞게, 나이에 맞게, 환경과 지위에 맞게 말하고 대화하는 지, 지속적으로 습득하고 변화, 발전시켜야 하는 것이다.

〈최고의 화자들이 갖은 말하기 습관 11〉

1) 익숙한 주제라도 '새로운 시각'을 가지고 사물을 다른 관점에서 바라보고 말하라.

2) '폭 넓은 시야'를 가지고 일상의 다양한 논점과 경험에 대해 생각하고 말한다.

3) 열정적으로 자신의 일을 설명한다.

4) '자기 자신'에 대해서만 말하려 하지 않는다.

5) 좀 더 알고 싶은 일에 대해서는 '왜?'라는 질문을 던진다.

6) 상대에게 공감을 나타내고, 상대의 입장이 되어 말할 줄 안다.

7) 유머 감각이 있어 자신에 대한 농담도 꺼려하지 않는다.

8) 말하는 데 '자기만의 스타일'이 있다.

9) 솔직함이 최고의 무기이다.

10) '특징'이 아닌 '장점'을 말한다.

11) 대화가 끊기지 않는 질문을 한다.

－『대화의 신』, Larry King

[연습문제]

※ 위의 〈최고의 화자들이 갖은 말하기 습관 11〉와 비교하여, 현재 자신의 말하기 습관을 있는 그대로 성찰해 보고, 개선방법을 연구해 보자.

1 새로운 시각을 갖고 다른 관점에서 말하려고 노력하는가?

성찰 :

개선방법 :

2 폭넓은 시야를 갖고, 다양한 논점과 경험에 대해 생각하고 말하는가?

성찰 :

개선방법 :

3 열정적으로 자신의 일을 설명하는가?

성찰 :

개선방법 :

4 자신의 말만 하는가? 나의 말하기와 듣기 간의 비율은 어떠한가?

성찰 :

개선방법 :

----

5 대화 시 '왜'라는 질문을 던지며, 알려고 노력하는가?

성찰 :

개선방법 :

----

6 상대에게 공감하는 입장을 가지려 노력하는가? 상대의 입장이 되어 말하는가?

성찰 :

개선방법 :

----

7 유머라며 남을 깎아내리고, 자기를 높인 적은 없는가? 자신에 대한 농담도 할 줄 아는 가?

성찰 :

개선방법 :

----

8 말하기에 있어 '나만의 스타일'은 있는가? 자신의 말습관을 되돌아 본 적이 있는가?

성찰 :

개선방법 :

----

9 대화시 정직하고, 진솔하게 말하는 것이 습관인가?

성찰 :

개선방법 :

----

10 상대나 일에 대해 '장점'을 찾아 말하려 노력하는가?

성찰 :

개선방법 :

----

11 대화가 끊겨도 신경 쓰지 않는가? 대화를 이어가기 위해서 노력하는가?

성찰 :

개선방법 :

----

6) 의사소통의 전제

대화, 즉 상대와의 의사소통이란 양자가 말하기를 통해 같은 의미를 공유한다는 것을 의미한다. 상대의 말을 듣기에 있어서 주의해야 하고, 말의 의미 뿐 아니라 상대에 대한 전반적인 파악 없이는 제대로 듣고, 상대에 맞추어 제대로 말한다는 것이 불가능하다.

말하기에 있어서 말 내용은 7%의 비중 밖에 차지하지 않으며, 그 외에 말하는 태도나 매너, 동작, 표정 및 억양, 톤, 크기가 93%를 차지한다는 점을 명심해야 할 것이다. 즉 내가 말하는 바가 전달되기 전에, 나의 태도, 마음가짐, 말하는 방식이 훨씬 많은 정보를 상대에게 주고 있다는 점을 알아야 할 것이다.

이런 점에서 대화 시에는 상대에 대한 배려와 존중심이 전제되어야, 좋은 대화가 가능해 짐을 추론할 수 있겠다. 즉 훌륭한 말하기, 성공적인 대화법을 갖고 싶다면, 항시 상대에 대한 고려, 배려심이 전제되어야 한다는 점을 잊지 말아야 한다. 대화는 늘 상대와의 관계, 상대적인 작업임을 인지해야 한다.

좋은 대화란 서로 간에 상대에 대한 예의와 존중을 전제로 한다는 점을 명심해야 할 것이다. 상대를 존중한다는 의미는 곧 상대의 의견을 존중한다는 것이고, 상대의 의견을 존중한다는 것은 대화시 상대의 의견을 경청하고, 상대의 말에 성심껏 응대한다는 의미가 될 것이다.

그러나 일반적으로 사람들은 자기의 의견은 존중받기 원하면서, 다른 사람들의 의견인 말은 흘려듣거나 관심을 갖지 없거나, 혹은 들은 척도 안한다. 그러면서 상대와는 대화가 안된다느니, 말하기가 어렵다, 말해봐야 소용없다고들 말하기도 한다. 상대를 원망하기 전에 자신 역시 좋은 대화를 위한 노력을 얼마나 했는지, 원활한 대화를 위한 매너나 자질이 부족한 것은 아닌지 늘 성찰하고 노력해야 한다.

대화 시에는 상대의 의견, 즉 상대의 말을 존중하고 충분한 이해력과 수용력을 발휘하며 대화에 임할 때, 원활한 대화와 좋은 관계를 이어갈 수 있는 것이다. 상대를 대할 때 존중하는 자세와 태도가 나의 말하기를 통해 전달됨을 깊이 명심해야 할 것이다.

다음은 언어가 전달할 때, 동시에 진행되는 여러 가지 상황이 동시에 전개됨을 보여주는 표이다.

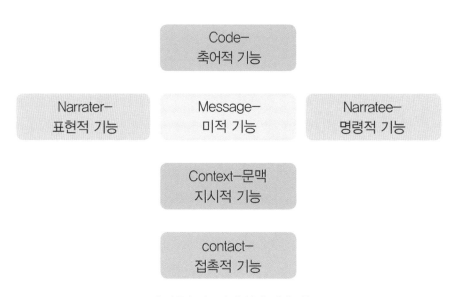

로만 야콥슨의 6가지 언어 전달 기능

언어의 6가지 전달 기능

1) 표현적 기능(정서적 기능) – '발신자'가 말을 할 때 벌어지는 상황으로, 발신자는 말에 자신의 정서를 담을 수 있다. 말(언어)에 실리는 감정은 말하는 이의 정서적 표현으로, 정서적 기능이라고도 한다. 예로 낭만주의 시에 시인의 감정이 많이 실린다는 점을 생각할 수 있다.

2) 명령적 기능(욕구적 기능) – '수신자'가 말을 들을 때 벌어지는 상황으로, 수신자는 듣는 내용에 따라 소극적이던 적극적이던 반응을 불러일으킴으로써 메시지의 요구를 수용한다는 의미로 명령적 기능, 욕구적 기능이라 일컫는다. 예로 광고를 봤을 경우, 그 물건을 사고싶다는 욕구를 일으키므로, 수신자는 메시지의 명령 상황에 놓이게 된다.

3) 지시적 기능(문맥적 기능) – 말은 무언가를 의미하고 '지시'하는 기능을 수행한다. 지시하는 언어가 문맥에 따라 다른 것을 지시할 수 있게 되므로, 문맥적 기능이라고도 한다. 예로 역사소설은 당시의 시대 상황, 그 전후의 문맥을 파악해야 그 의미(지시하는 바)를 정확히 알 수 있다.

4) 축어적 기능(함축적 기능) – 언어는 은유와 환유, 메타언어 등 그 자체에 함축적 의미를 담을 수 있는 코드 기호이다. 예로 은반 위의 요정이란 표현에는 여러 의미가 함축되어 있다. 관어적 기능, 함축적 기능이라고도 한다.

5) 접촉적 기능(친교적 기능) – 언어는 메시지 뿐 아니라 상대와의 관계를 위한 기능이 더 많은 부분을 차지한다. 안부나 친목, 매너 발휘 등 상대와의 관계 도모를 위해 언어가 기능하는 부분이다. 예로 장례식에 엄숙한 단어와 말투를 사용하고 축하시에는 기쁜 감정을 나누기 위해 톤과 억양을 높이고, 축하의 언어를 사용하므로써 친교적 기능이 발휘된다. 연인과의 대화는 메시지보다 사랑을 확인하는 친교적 기능이 강하다.

6) 시적 기능(미적, 예술적 기능) – 언어는 그 자체에 예술성을 포함한다. 가슴을 울리는 싯귀나 감동을 주는 문학, 명언 들은 시공간을 초월해 미적 기능을 발휘한다.
대화 상대에게 울림과 감명을 주는 고급의 말하기를 위해서는 미적, 시적 언어를 사용할 줄 알아야 한다.

제2장

의사소통의 시작,
경청

(김장원)

1. 인류의 역사와 경청

　지금 우리 사회처럼 의사소통을 강조하는 시대는 없었던 듯하다. 아마도 인류 역사에서 의사소통을 강조하지 않았던 시대는 없었을 것이다. 과학기술과 정보통신 기술의 발전으로 4차 산업혁명을 맞이하고 있는 21세기에도 의사소통을 강조한다는 것은 의사소통이 중요한 사회적 행위임을 강조하는 것은 물론 의사소통에 대한 온전한 이해와 실천이 쉽지 않다는 것을 의미하는 것일 수도 있다. 인류의 역사에서 그 누구도 의사소통의 중요성을 부정하지 않았음에도, 인류에게 의사소통은 여전히 풀어내야 할 과제로 남아 있는 것이다. 특히나 21세기 4차 산업혁명이 가져온 인간 사회의 현격한 변화를 맞이하는 시점에서, 의사소통은 간과해서는 안 되는 중요한 과제인 것이다.

　인간은 사회적 동물이라는 고전적 정의를 떠올리지 않더라도, 의사소통은 어느 시대든 중요한 사회적 약속이었을 것이다. 수많은 시간 동안 인류는 의사소통을 익혀왔을 것이고 이를 잘 활용해 왔을 것이다. 그렇지 않았다면 지금의 인간 사회는 존재하지 않았을 것이다. 그러나 수많은 시간이 흘렀음에도 여전히 의사소통을 강조하는 사회적 현상은 도대체 무엇을 의미하는 것일까?

　의사소통에 대한 여러 의문이 떠오른다. 의사소통은 인간이 일부러 배우지 않아도 자연스럽게 체득하게 되는 것 아닌가? 그런 인간에게 의사소통에 대한 교육은 필요한가? 인간 사회와 삶 속에서 올바른 의사소통을 구현하는 것이 어려운가? 도대체 인류는 오랜 시간 동안 찬란한 문명과 문화를 창조해왔으면서도, 왜 의사소통에 대해서는 명쾌한 설명을 하지 못하는가? 그럼에도 불구하고 인류에게 의사소통이 필수불가결한 요소라는 아이러니는 어떻게 이해해야 할까? 우리는 이에 대한 나름의 정리를 해야 할 시점에 와 있다.

의사소통에 관한 의문을 풀어가기 위해 기본에 충실하고자 한다. 이 과정이 결국 의사소통을 이해하고 정리하는 과정이기 때문이다. 의사소통의 사전적 의미로부터 시작해보자. 먼저 국어사전에는 의사소통을 "가지고 있는 생각이나 뜻이 서로 통함."(표준국어대사전, 국립국어원)으로 정의하고 있다. "생각", "뜻", "서로", "통함"이 핵심 어휘다. 그러나 이 핵심 어휘들은 "가지고 있는"이라는 선결 조건에 따라서 그 생명력을 얻게 된다. 그렇지 않다면, "생각", "뜻", "서로", "통함"은 그저 일반적인 의미만을 담아내는 것에 그치고 말 것이다. 그렇다면 의사소통의 궁극적 목적, 즉 의사소통에 참여하는 각 구성원 간의 의사소통에는 도달하지 못할 것이다.

이를 한자 풀이를 통해 보면 더욱 명확해진다. 의사소통(意思疏通)은 "뜻 의", "생각 사"를 근간으로 하여, "막힘없이 트일 소", "통할 통(두루 미칠 통)"으로 이루어져 있다. 글자그대로 해석하자면 의사소통은 "뜻과 생각이 막힘없이 (트여서) 통함"이라고 정리할 수 있다. 각각의 한자가 내포하고 있는 이차적 의미를 중심으로는 "뜻과 생각이 멀리 있는, 친하지 않은 사이에서도 탈 없이 통함"이라고 정의할 수도 있을 것이다.

이 두 정의는 우리가 의사소통의 의미를 정리할 수 있도록 도움을 준다. 위의 정의는 인간에게 의사소통이 왜 중요한가, 어떠한 역할을 하는가를 정리할 수 있도록 도움을 준다. 언어를 사용하는 존재로서의 인간이 의사소통의 중요성을 더욱 풍부하게 의무와 책임이 있음을 분명하게 보여준다.

의사소통에 참여하는 존재에 대한 존중이 첫 출발점이다. 의사소통 참여하는 존재에 대한 존중은 오랜 세월 의사소통이 지속될 수 있었던 가장 간명한 이유이다. 아울러 의사소통이 왜 중요한지 그리고 의사사소통에서 무엇에 초점을 두어야 하는지를 명확하게 드러내고 있다. 이러한 의미를 내포하고 있기에 인류는 수많은 갈등과 파국을 맞이하면서도 의사소통을 포기하지 않았던 것이다.

이런 맥락에서 본다면, 우리는 의사소통을 이해하는 시각을 돌아볼 필요가 있다. 우리는 보통 말하는 이의 입장에서 의사소통을 이해하는 것에 익숙하다. 자신의 의사를 말해야만 손해를 보지 않는다는 강박관념이 의식적/무의식적으로 강하게 작동하고 있기 때문이다. 그러다 보니 타인의 말을 듣는 것에는 자신의 에너지를 거의 사용하지 않는다. 이런 상황에서 의사소통에 참여한 구성원 모두를 존중해야 한다는 당위적 원칙은 이론상으로는 존중되지만, 정작 현실에서는 생명력을 잃어버린 이상에 불과한 것이 되어 버린다.

의사소통의 정의에서 "가지고 있는", "막힘없이, 친하지 않은"이라는 표현을 주목해 볼 필요가 있다. "가지고 있는"은 의사소통에 참여하는 화자나 청자 모두에게 해당하는 것이다. 다시 말해 의사소통에 참여한 모든 구성원은 각자의 입장과 의견이 있는 것이다. 그러니까 당연히 말하는 사람이든 듣는 사람이든 모두를 존중해야 하는 것이다. 시대와 사회의 변화에 따라 말하는 이만/듣는 이만을 편파적으로 인정하는 것을 의사소통이라고 할 수는 없다.

뿐만 아니라, "막힘없이, 친하지 않은"의 서술도 마찬가지이다. 막힘이 없다는 것은 의사소통의 과정이 상식적이고 합리적으로 이루어진다는 깃을 의미한다. 개인의 이익과 입장만을 대변하는 것은 타인에게 전달되는 과정에서 반드시 막힐 수밖에 없게 된다. 또 다른 개인의 이익과 입장에 의해서 말이다. 그렇기 때문에 친하지 않은 누구에게도 막힘없이 이루어져야 한다는 것은, 의사소통에 참여한 구성원들이 상식적이고 보편적인 태도로 이루어져야 함을 강조하고 있는 것이다.

의사소통에 대한 이러한 검토는 의사소통을 균형적으로 이해할 수 있도록 해준다. 아울러 의사소통에 대한 고정관념으로부터 벗어나는 것에 도움을 준다. 말하는 이의 시각에서만 의사소통을 이해하고 구성하는 것이 아니라, 그 과정에 참여한 모든 구성원이 상호적이고 수평적인 위치에서 이해하고 구성하도록 말이다. 의사소통에 참여한 구성원들이 서로 간의 나이, 신분, 지위, 성별, 인종, 국가 등의 차이에 따라 의사소통을 변형하거나 왜곡해서는 안 된다는 것이다.

의사소통은 대부분 '나'와 '너'의 형태로 이루어진다. 그러다 보니 의사소통에 참여한 구성원들이 잊고 있는 사실이 있다. 의사소통을 원활하게 진행하기 위해서는 자기 자신의 뜻과 생각, 감정 등에 집중하여, 자신의 입장과 태도가 무엇인지를 분명하게 인식하는 과정이 필요하다는 사실이다. 의사소통이 원활하게 진행되기 위해서는 말하는 이와 듣는 이 모두가 보다 명확히 자신의 뜻과 생각, 감정 등이 무엇인지를 분명하게 인식하는 과정이 전제되어야 한다.

다시 말해 '나'와 '나' 사이의 의사소통을 통해 자신의 솔직하고 분명한 입장을 인식할 필요가 있는 것이다. 그래야만 '나'가 가지고 있는 뜻과 생각을 막힘없이 '너'에게 전달함으로써 통할 수 있는 계기를 만들 수 있기 때문이다. 이를 통해 서로의 공통점과 차이점을 확인하는 과정이 필요하다. 그래야만 의사소통에 참여한 구성원 의 반응이 보다 심화된 층위로 표현될 수 있으며, 궁극적으로는 의사소통의 목적에 도달하게 될 것이다.

그렇다면 올바른 의사소통을 배우기 위해서 무엇에서부터 시작해야 할까 하는 궁금증이 생긴다. 아래의 예문이 그에 대한 실마리를 제공한다.

예문 1　　프랭클린 루즈벨트 대통령이 한 군사 전문가를 만나 한참 대화를 나누었다. 그 뒤 대통령은 자신의 비서에게 그 군사 전문가가 '참 말을 잘한다.'고 칭찬하였다. 하지만 그 군사 전문가가 대통령에게 한 말은, '네. 그렇군요. 그렇게 생각할 수 있습니다' 뿐이었다.

위의 예문은 얼핏 보면 이해가 가지 않는다. 주로 대통령이 이야기 하고 군사 전문가는 대통령의 말에 대한 동의에 불과한 반응만을 보였기 때문이다. 그런데도 대통령은 군사 전문가가 말을 잘한다고 평가하고 있다. 도대체 대통령은 왜 이런 평가를 하였는지 의문이 든다. 위의 예문에 집중해보면 그 답을 어렵지 않게 찾아낼 수 있다. 그러나 경청이라는 답을 찾았다고 해서 모든 의문이 풀리는 것은 아니다. 경청을 했을 뿐인데 말을 잘한다는 대통령의 평가를 온전히 이해할 수 없기 때문이다. 그러나 차분히 살펴보면 대통령의 평가는 경청의 의미, 효과와 연관 지을 때만 이해할 수 있다는 것을 알게 된다. 이런 맥락에서 본다면 경청은 단지 글자그대로 "귀 기울여 듣다"의 의미만으로는 한정할 수 없는 폭넓은 효과를 내포하고 있다는 사실을 확인할 수 있다.

이러한 잠재력을 내포하고 있기에 경청에 대한 많은 격언과 경구가 시대를 초월해서 있어왔다. 경청에 관한 몇 가지 격언과 경구들을 살펴보는 것으로부터 시작해보자. 아울러 그 안에 담겨 있는 경청의 의미와 효과가 무엇인지를 스스로 정리해보도록 하자.

- 침묵은 예술이다. 웅변도 예술이다. 그러나 경청은 잊혀져가는 예술이다. 경청을 잘 하는 사람은 매우 드물다. – 키케로

- 서로를 치유하기 위해 우리가 할 수 있는 가장 가치 있는 일은, 서로의 이야기를 귀 기울여 듣는 것이다. – 레베카 폴즈

- 성공하는 사람과 그렇지 못한 사람의 대화 습관에는 뚜렷한 차이가 있다. 그 차이점 이 무엇인지 단 하나만 꼽으라고 한다면, 나는 주저 없이 '경청하는 습관'을 들 것이 다. 우리는 지금껏 말하기, 읽기, 쓰기에만 골몰해 왔다. 하지만 정작 우리의 감성을 지배하는 것은 '귀'다. – 스티븐 코비

- 내가 만일 경청하는 습관을 갖지 못했다면, 나는 그 누구도 설득하지 못했을 것이다. – 피터 드러커

수많은 저작과 탁월한 웅변술로 철학의 대중화를 도모하였던 고대 로마의 정치가 겸 철학자인 키케로의 경청에 대한 언급은 시대를 초월해 경청이 어떠한 대우를 받고 있는가를 단적으로 보여준다. 기원전에 활동했던 키케로의 언급이 21세기 현재에도 여전히 유효하다는 점이 충격적으로 다가온다.

세계적인 베스트셀러 『성공하는 사람들의 7가지 습관』을 통해 성공학의 새 장을 연 스티븐 코비의 언급은 현대 사회에서 경청의 의미와 효과가 무엇인지를 단적으로 집약하고 있다. 특히 경청이 성공의 성패를 가르는 분명한 기준이 된다고 단언하는 스티븐 코비의 언급은 경청에 내재해 있는 엄청난 잠재력을 의미하고 있다고 해도 과언이 아니다.

세계 경영학의 대부라고 불리는 피터 드러커의 경청에 대한 언급은 앞선 경청에 대한 논의를 설득과 연결하고 있다는 점에서 눈여겨 볼 필요가 있다. 경청은 단지 일방적으로 듣는 수동적인 행위를 의미하는 것이 아니라, 경청이라는 행위가 상대를 향한 무언의 말하기임을 포착하고 있는 것이다.

이외에도 시대를 초월하여 경청에 대한 규정은 지속적으로 있어 왔다. 경청에 대해 선각자들의 다양한 언급을 찾아 그 의미를 정리하고 최종적으로 자신이 생각하는 경청의 의미를 정리해보도록 하자.

2. 의사소통의 근본, 경청

　많은 사람들은 말하기의 의사소통 상황에서 가장 중요한 것을 '말하기'라고 생각하는 경우가 많다. 하지만 이는 잘못된 생각이다. 말하기의 시작은 듣기에서 출발한다. 왜냐하면, 말하는 사람이 있으면 반드시 듣는 사람이 있어야 하고, 혼잣말을 하더라도, '나'라는 듣는 사람을 가정하고 말하기 때문이다. 즉 말하기는 듣기 없이 이루어지는 것이 아니다. 그럼 듣기는 어떻게 해야 할까? 말하기도 배워야 할 필요가 있듯이 듣기도 배울 필요가 있다. 쉽게 설명해서 영어 단어의 Listen과 Hear의 차이가 존재하는 것과 같다.

　인간은 귀라는 청각기관을 가지고 있다. 귀는 주변에서 나는 모든 소리를 모아 뇌에 전달하는 기관이다. 하지만 그렇게 들리는 소리 중 의미 있는 정보로 기억되는 것은 그리 많지 않다. 듣기의 출발점은 바로 그냥 들리는 것을 듣는 것이 아니라, 주의 깊게 들리는 내용을 정보화하는 것이다.

　듣기의 출발점은 정보의 정확한 이해에서부터 출발한다. 하지만 말하는 이가 전달하고자 하는 정보를 정확히 듣기 위해서는 그 말하는 이가 가지고 있는 감정과 상황 맥락에 자신을 일치시킬 필요가 있다. 즉 말하는 이의 입장에서 들어야 들리는 소리는 단순한 소리가 아닌 인식하고 이해해야할 정보가 되는 것이다.

　말하기 의사소통 과정에서 흔히 하는 실수는 상대방의 말에 귀를 기울이지 않는 것인데, 이는 바로 듣는 이가 말하는 이와 감정적인 동일시를 이루지 못할 때 주로 일어난다. 이때 듣는 이는 말하는 이가 전달하는 메시지를 무의식적으로 듣고는 있지만, 딴 생각에 빠져 흘려버리고 만다. 이렇게 흘려버린 정보의 양이 많아질수록 제대로 된 의사소통이 이루어질 수는 없다.

　듣기는 대개 4단계로 이루어진다. 먼저 정보 확인 단계다. 말하는 이가 이야기하는 정보가 무엇인지부터 파악한다. 이렇게 파악된 정보를 종합하여 내용 이해 단계로 넘어가야 한다. 정보의 종합으로 말하는 이가 전달하고자 하는 메시지(의미)가 무엇인지 이해해야 한다. 그 다음은 비판의 단계가 필요하다. 말하는 이가 전달하고 있는 메시지의 문제는 무엇인지, 이 메시지를 어떻게 평가하고 받아들여야 하는지, 혹 잘못된 정보와 메시지에 대한 거절의 반응을 보여야할 것인지를 판단해야 하는 것이다. 다음은 판단의 단계이다. 비판을 통해 걸러진 말하는 이의 메시지를 듣는 이는 옳고 그름, 혹은 승인과 거절의 상황으로 나누어 판단을 내려야 한다. 앞서 지적한 바와 같이 의사소통이란 결국 말하는 이와 듣는 이의 협력으로 새로운 의미를 도출해야하기 때문이다.

세상에서 가장 강한 사람은 타인의 말을 주의 깊게 듣고, 타인의 말을 이해하며 공감하는 사람이다. 타인의 말을 주의 깊게 듣는 힘, 다시 말해 경청은 말하기와는 또 다른 강력한 힘을 가지고 있다.

사람들은 누구나 자신의 말을 타인이 경청해주길 바란다. 자신의 말이 존중받는다는 사실에서 자신이 존중받고 있음을 느끼기 때문이다. 경청은 자기 존중과 밀접한 관계가 있다. 자존감이 인간이 가지는 가장 소중하고 고귀한 감정이라고 할 때, 경청하는 사람은 타인의 자존감을 세워주는 사람인 것이다.

3. 특화된 경청, 공감적 경청

경청은 감정을 발산하고 정서적 친밀도를 높이고 자기 가치를 존중받고자 하는 일반적 욕구를 실현하는 행위이다. 공감적 경청은 말 그대로 말하는 이의 입장에 자신을 동일시하거나 감정을 이입하여 가장 높은 수준의 듣기 상황을 이끌어내는 방법이다. 공감적 경청이 제대로 이루어지기 위해서는 단순히 상대방의 말을 주의 깊게 듣는 것에만 그쳐서는 안 된다. 그의 말에 공감하고, 그에 맞는 반응을 함께 보여주어야 한다.

공감적 경청의 상황에서는 말 그대로 말하는 이의 상황에 자신을 동일시하기 때문에 말하는 이가 말하고 있는 그 감정 상태를 있는 그대로 따라가는 것이 좋다. 말하는 이가 화를 내면 같이 그 화가 난 이유를 이해해주고, 말하는 이가 슬퍼하면, 같이 슬퍼하는 것처럼 같은 감정 상태를 가져가는 것이다.

실제로 자신의 말을 잘 들어주는 것만큼 감사한 일은 없다. 예를 들어보자. 정신과 의사들이 가지고 있는 가장 큰 미덕은 '듣는 것'이라 한다. 종교에서도 비슷한 사례를 찾아볼 수 있다. 가톨릭의 고백성사는 그저 자신의 죄를 말하는 것이며, 신부는 그 죄를 듣기만 한다. 공감하며 듣는 사람이 있다는 그 상황 자체가 말하는 이의 마음을 편하게 만들며, 더 나아가 새로운 의미를 창출할 수 있다.

공감적 경청이 가지고 있는 효과를 설명하면 다음과 같다.

첫째 말하는 이의 감정 욕구를 충족시킴으로써 말하는 이에게 신의를 얻을 수 있다. 그리고 이러한 신의는 말하는 이가 가지고 있는 숨겨진 정보를 더 많이 얻어낼 수 있다.

둘째, 말하는 이와 진심으로 교류할 수 있다. 자신의 감정과 동일시되는 듣는 이를 만난 말하는 이는 무의식중으로 진심을 드러내는 경우가 많다. 진심이 드러나는 의사소통 상황에서 말하는 이와 듣는 이는 발전적인 새로운 의미를 만들어낼 수 있는 가능성이 매우 높다. 즉 진정한 의미의 인간관계가 형성될 수 있는 것이다.

셋째, 듣는 이는 말하는 이의 입장에서 듣기를 시도함으로써 보다 타인의 마음을 이해하고 상대방을 배려하는 마음을 가질 수 있다. 듣기의 수동적 속성을 주체적으로 이용함으로써 듣기를 능동적인 형태로 형질 전환을 시도하는 것이다. 이를 통해 자신의 행동이나 말에 대한 반성을 시도할 수 있고, 다양한 타인의 삶에 대한 폭넓은 이해가 가능하게 되는 셈이다.

1 올바른 경청의 자세에는 어떤 것들이 있는지 생각해보자.

----

2 경청의 의미와 효과에 대해 정리해보자.

----

3 다음은 황희 정승과 관련된 일화이다. 이 글에서 황희 정승의 태도에 대해 설명해보자.

　황희 정승에게 한 사람이 찾아와서 물었습니다.
　"오늘이 저희 집 제삿날인데 하필 송아지를 낳았지 뭡니까. 이런 날은 제사를 생략해도 되겠지요?"
　"그렇게 하시게."
　잠시 후, 다른 사람이 찾아와 물었습니다.
　"오늘이 제삿날인데 개가 새끼를 낳았으니 어쩌면 좋지요? 그래도 제사는 지내야겠지요?"
　"물론 제사는 지내야겠지."

---

4 자신의 경청 능력에 대해 정리해보자.

---

5 다음 상황을 공감적 경청의 상황으로 바꾸어 보자.

엄마 : 호준아! 너 언제 공부할 거야? 시험이 내일 모레 아니야?

호준 : 알았어! 공부하면 될 거 아니야! 왜 맨날 나만 가지고 뭐라고 그래!

엄마 : 내가 안 그러게 생겼어? 네 형은 알아서 하는데 넌 왜 맨날 이 모양이야!

호준 : 엄마는 맨날 그렇게 형이랑 비교만 해야겠어! 안 그래도 형 때문에 짜증나는데!

엄마 : 그럼 네가 알아서 하든지?

호준 : 누구는 공부 열심히 하고 싶지 않은 줄 알아! 하나도 못 알아듣겠는 걸 어떻게 해!

제3장

이해와 공감의 시작, 대화

(김장원)

1. 의사소통, 새로운 시각의 확장

의사소통에 대한 앞장에서의 정의를 토대로 보면, 의사소통을 "말하는 이와 듣는 이가 협력하여 의미를 창조하는 상호 작용"이라고 정의할 수 있다. 앞장에서의 사전적 정의와는 다소 다른 시각의 의사소통의 개념을 살펴보는 이유는 의사소통에서 "협력", "창조", "상호 작용"의 의미를 강조하기 위해서이다. 의사소통에 대한 단정적이고 일면적인 이해에서 벗어나 의사소통에 대한 다각적인 이해를 시도하고자 한다. 이러한 과정은 의사소통에 대한 이해의 폭을 확장하는 동시에 일상생활에서 의사소통의 중요성을 올바르게 구현할 수 있도록 하는 안내자의 역할을 할 수 있을 것이다.

위에서 언급한 의사소통의 정의에서 말하는 이와 듣는 이가 협력해야 한다는 것은 너무나 당연한 사실이다. 그럼에도 "협력"을 강조하는 이유는 의사소통에 참여하는 구성원들이 서로 다른 가치관과 주장을 하더라도, 서로 다른 정치적 입장을 가지고 있더라도, 의사소통 자체에서만은 서로 협력해야 한다는 사실을 강조하기 위해서이다. 온전한 의사소통을 통해 서로 간의 입장과 주장을 명확히 이해함으로써 차이와 공통점 등을 분명하게 확인하고, 공동의 해결책과 지향점을 모색할 수 있는 기회를 만들 수 있기 때문이다.

이 맥락에서 "창조"가 등장한다. 이는 의사소통에서 전달하는 메시지를 자기 멋대로 이해한다는 것이 아니다. 일차적으로는 의사소통에서 전달되는 메시지의 의미를 정확하게 이해하는 과정이 필요하다는 것은 분명하다. 그렇지 못하다면 의사소통이 이루어질 수 없기 때문이다. 그러나 의사소통의 진정한 힘은 단지 메시지를 온전히 전달하고 이해하는 것에서 종료되는 것이 아니다. 메시지를 이해는 것을 시작으로 하여 의사소통 상황 자체에 대한 인식에 이르게 되고, 이를 토대로 의사소통 참여자 상호간의 이해와 협력을 위한 새로운 의견과 해결책을 모색할 수 있기 때문이다. 의사소통은 단지 전달에만 국한된 행위가 아니라 창조적인 행위가 되어야 하는 것이다. 의사소통에 참여한 구성원들이 의사소통의 궁극적 목표에 도달할 수 있도록 노력하고 협력한다면, 이 에너지가 창조적일 수 있다는 것을 강조한 것이다.

이런 맥락에서 본다면 의사소통은 근본적으로 "상호 작용"일 수밖에 없다. 풀어서 말하자면 "상호작용을 통한 창조"인 것이다. 의사소통은 일방적이거나 한 번의 상호 작용으로 마무리 되는 것이 아니다. 공동의 목표에 도달하기 전까지 끊임없이 이루어지는 것이다. 그러기 위해서는 의사소통을 방해하는 요소들을 분명하게 인식해야 한다. 그래야 의사소통은 온전하게 그 역할을 수행할 수 있게 된다. 의사소통이 평등하게 상호 작용으로 이루어질 때, 의사소통의 창조성은 그 실체를 드러낼 것이다.

이상의 내용을 중심으로 말하기와 듣기를 중심으로 의사소통을 정리하면 다음과 같다.

첫째, 말하기/듣기는 대표적 의사소통 방법 중 하나이다. 어쩌면 인류의 역사와 거의 맞먹을 만큼의 시간 속에서 인류와 함께 해왔다고 해도 과언이 아니다. 말하기/듣기는 단지 전달의 측면에서만이 아니라 창조의 성격도 드러내고 있다. 그렇기에 의사소통은 말하는 이와 듣는 이가 협력해서 새로운 의미를 창조하는 생산적 활동이 될 수 있었던 것이다. 이를 통해 말하는 이와 듣는 이 간의 의미공유가 이루어지는 현상이 바로 인류 역사의 발전이라고 해도 과언이 아니다. 의미공유가 이루어지기 위해서는 말하는 이나 듣는 이가 서로 나눈 의사소통 메시지에 의한 행동 변화가 이루어져야 한다.

둘째, 말하기/듣기는 의사소통 중 음성언어를 주된 수단으로 하는 방법이다. 특히 말하기는 듣기를 빼놓고 이야기할 수 없는데, 말하기와 듣기가 의사소통 영역에서 차지하는 비중은 75%가 넘는다. 즉 우리 일상에서 이루어지는 대부분의 의사소통은 '말하기/듣기'를 통해 이루어지고 있는 셈이다.

셋째, 말하기/듣기는 음성언어뿐만 아니라 비언어적 요소도 포함된다. 비언어적 요소란 동작언어를 말한다. 동작언어에는 말할 때 사용하는 동작과 함께 말하는 이와 듣는 이의 표정도 포함된다. 특히 비언어적 요소는 말하기/듣기 상황의 맥락 변화를 확인할 수 있는 주요한 요소이기도 하다.

1) 말하기/듣기의 요소

일상에서 이루어지는 의사소통의 형태는 매우 다양하다. 그 대상이 누구냐에 따라, 그 목적이 무엇이냐에 따라 그 형태는 복합적이다. 하지만 어떤 형태를 가지고 있다 하더라도, 의사소통은 말하는 사람과 듣는 사람 그리고 이들이 공유하는 메시지와 이 메시지가 공유되는 맥락, 그리고 의사소통을 방해하는 소음을 구성 요소로 하고 있다. 이는 다음과 같은 형태로 정리해 볼 수 있다.

코드화(Encode)란 말하는 이가 듣는 이에게 자신이 가지고 있는 메시지를 언어라는 음성기호로 바꾸는 것을 의미한다. 이와 마찬가지로 청자는 이 언어라는 음성기호를 자신이 이해할 수 있게 해독하는 과정이 존재하는데, 이를 코드해독(Decode)라 부를 수 있다. 이렇게 전달되어 서로 공유하게 되는 의미를 메시지라고 부를 수 있으며, 말하는 이와 듣는 이가 메시지를 공유하는 상황을 맥락이라고 볼 수 있다.

말하기의 요소에서 말하는 이와 듣는 이, 그리고 메시지는 많은 연구가 이루어졌고, 그 중요성을 이해하는 것이 어렵지 않지만, 실상 그만큼 중요하면서도 실제 말하기 상황에서 간과하기 쉬운 부분은 맥락이다. 맥락은 대화 장소, 청자와 화자가 처한 문화적/사회적 상황, 그리고 말하기가 이루어지는 시간, 화자와 청자에게 주어진 문화적/사회적 상황을 중요한 요소로 고려해야 한다.

의사소통 과정을 긍정적인 측면에서 관여하고 있는 것이 맥락이라면, 이와 상반된 역할을 하는 것이 바로 소음이다. 소음은 단지 시끄럽고 듣기 싫은 소리만을 의미하는 것은 아니다. 의사소통의 과정을 방해하는 요소들을 소음이라고 할 수 있다. 의사소통을 방해하는 요소를 특정하는 것은 매우 어렵다. 왜냐하면 일상생활에서는 물론, 개인의 특성, 다양한 상념과 욕망 등이 오롯이 의사소통에 집중할 수 있는 기회를 방해하는 것 모두를 소음이라고 할 수 있기 때문이다. 어쩌면 의사소통은 한정할 수 없는 소음들에 둘러싸여 있는 것인지도 모른다. 그렇기 때문에 의사소통에 대해 배워야 하는 것인지도 모른다.

다음 사례를 보자.

　　남편은 오늘도 늦게까지 야근을 하고 나서 피곤한 몸을 이끌고 집에 돌아왔다. 하지만 집에는 아무도 없는 것처럼 불이 꺼져 있고, 불 꺼진 방에 아내는 우두커니 앉아있다.

남편 : 당신 뭐 하는 거야? 사람이 왔는데 아는 척도 안 해?
아내 : ······
남편 : 뭐야? 또 왜 그래? 나 정말 피곤해!
아내 : ······

　　거실에서 방에 들어온 남편. 옷을 갈아입으려 불을 켜니 내팽개쳐진 달력에 표시가 되어있다. 오늘은 아내의 40번째 생일이다.

　　남편은 아내가 만들어 놓은 대화 상황 맥락에 대한 이해가 전혀 없었다. 이유 없이 온 집에 불을 꺼 놓았을 리 없고, 야근하고 늦게 들어온 남편에게 살가운 말 한마디 건네지 않을 이유가 없는 것이다. 의사소통 상황의 맥락이 이러하다면 남편은 그에 맞는 말하기 상황을 인지하고 대처해야 했지만, 그가 이 상황을 깨달은 것은 방에 들어와 내팽개쳐진 달력을 본 뒤다.

　　실제로 의사소통에서 맥락은 가장 필수적인 요소이다. 장소 맥락의 경우 말하기가 이루어지는 장소가 어딘가에 따라 그 말하기 의사소통의 성공의 여부가 달려 있다고 해도 과언이 아니다. 만약 당신이 중요한 계획서를 들고 투자자를 설득하려 할 때, 지하철 역 안 벤치에 앉아 투자계획서를 꺼내 진중하게 설명한다면, 과연 어떤 투자자가 당신에게 돈을 대고 사업을 벌일 수 있도록 도울 것인지 생각해보라. 시간도 마찬가지이다. 투자자가 저녁에 집에서 편히 쉬고 있을 때 무작정 찾아간다면 어떠할까? 투자자는 맨주먹으로 성공하였지만, 학식이 별로 없는 문화적 배경을 가지고 있는데, 그에게 고급 경영학 용어를 사용한다면? 그리고 대접받고 싶어 하는 투자자에게 편한 말투로 일관한다면? 결국 맥락은 메시지를 완성시키는 가장 중요한 말하기 요소임이 분명하다고 할 수 있다.

2) 일상의 대부분을 차지하는 대화

가만히 생각해 보자. 아침에 일어나서 하루 일과를 마치고 저녁에 집에 들어가 잠자리에 들기까지 우리는 실상 '입'을 쉬지 않는다. 인간은 언제나 타인과의 관계 속에서 살아가기에 의사소통은 언제나 필요하다. 어디 그 뿐인가? 입은 대화만 하는 창구가 아니다. 생존을 위한 필수 기관이기도 하다. 밥을 먹고, 물을 마시고, 거기다 이야기까지 하니 실상 우리의 '입'은 쉴 틈이 없다. 하지만 이러한 '입'의 중요성을 일상에서 전혀 느끼지 못하는 것처럼 우리는 대화의 중요성을 언제나 간과하기 쉽다. 대화의 중요성을 쉽게 인식하지 못하는 것은 대화의 유형이 다양하기 때문이기도 하다. 대화는 크게 '사적 대화'와 '공적 대화'로 나누어 볼 수 있다. 또한 대화 참여자의 관계에 따라 나누어 볼 수도 있고, 사회적 중요성과 대화 참여자와의 관계, 대화 영역과 대화 외적 상황에 따른 구분도 가능하다.

3) 대화의 원리와 구조

① 말차례 교대

대화는 말 그대로 '서로 마주 대하여 주고받는 말'이다. 여기서 주목해야 할 것은 '주고받는'다는 부분이다. 대화는 혼자 떠드는 것이 절대 아니다. 대화는 주고받는 것이다. 의미 있는 대화가 이루어지기 위해서는 반드시 화자와 청자 간의 말차례 교대가 일어나야 한다. 즉 대화 과정에서는 화자와 청자의 역할이 고정된 것이 아니라 끊임없이 변하기 때문이다. 따라서 대화에서 가장 중요한 것 중 하나는 누가 언제 말할 것인지를 결정하는 것이며, 이 말차례 교대가 자연스럽게 이루어질 때, 우리는 진정한 의미의 대화에 도달했다고 볼 수 있다.

말차례 교대는 대부분 다음과 같은 원칙에 의해 이루어진다.

첫째, 모든 대화 참여자는 말할 기회를 가져야 한다. 대화 참여자의 수는 다양하다. 단지 2명이서 대화를 나눌 수도 있고, 많은 사람이 한꺼번에 대화를 나눌 수도 있다. 진정한 의미의 대화가 이루어지기 위해서는 이들 모두에게 발언의 기회가 주어져야 한다. 대화는 '주고받는 것'이기 때문이다.

둘째, 말차례 교대의 차례는 결정된 것이 아니다. 대화의 순서를 결정하고 이야기하는 것은 공평해 보이지만, 자칫 대화 자체가 의무가 되어 하나의 의견 발표처럼 보이게 될 수도 있다. 대화 참여자의 순서 교대는 자율적으로 이루어지는 것이 맞다.

셋째, 말차례 교대는 대화의 중복이나 대화의 중단 없이 이루어져야 한다. 다른 사람의 말을 막거나 그로 인해 대화가 중단되는 일은 없어야 한다.

넷째, 중복이 일어난 대화나 말하는 도중에 누가 끼어들어서 간섭을 받은 대화에는 교정이 필요하다. 남의 말을 막았을 때는 빨리 자신의 말을 멈추어야 한다. 혹 반대의 경우도 있다. 말하는 이의 말을 보충하거나 북돋아 주기 위해 맞장구를 치거나 호응을 해주는 경우도 있다.

다섯째, 한 사람이 하는 대화의 길이도 정해져 있는 것은 아니다. 하지만 한 사람이 너무 길게 말해서 다른 사람의 대화 기회와 시간을 뺏는 것은 옳지 못하다.

여섯째, 대화는 연속적일 수도 있고, 비연속적일 수도 있다. 침묵도 대화다. 당연히 남의 말을 열심히 듣는 경청도 중요한 대화의 일부이다.

② 대응쌍

대화가 순서 교대로 이루어지는 것처럼 주고받는 말 사이에는 대응쌍이 존재한다. 대응쌍이란 주는 말에 대해 받는 말이 인접해서 쌍을 이루고 있는 것이다. 직접적인 예를 살펴보자.

> 아들 : 엄마! 친구들과 놀러갔다 와도 돼요?
> 엄마 : 언제까지 올 거야?
> 아들 : 저녁 8시까지요.
> 엄마 : 그럼 너무 늦어서 안 돼.

위의 예문을 보면 아들의 질문에 대해 엄마는 질문으로 답하고 있지만, 아들이 제기한 '놀러가도 되는가?'라는 질문과 엄마가 제기한 '언제까지 올 것인가'라는 질문에는 모두가 정확히 대답하고 있다. 즉 말하는 이와 듣는 이의 순서 교대가 자연스럽게 이루어지면서 주고받는 말이 쌍으로 구성되고 있는 것이다. 대화가 대응쌍으로 구성되어야 하는 것은 사실 매우 중요하다. 앞서 설명한 바와 같이 대화는 '주고받는 것'이기 때문에 한쪽이 제기한 질문에 대해 다른 한 쪽이 정확한 대답을 해야 대화가 진행될 수 있기 때문이다.

특히 말하는 이와 듣는 이 사이에 주고받는 대화의 대응쌍이 제대로 구성되지 않을 경우 그 대화는 '대화'가 아닌 '갈등'과 '싸움'으로 변질 될 수 있다. 다음의 예를 살펴보자.

    남편 : 리모컨 좀 줘.
    아내 : 당신은 손이 없어요?
    남편 : 무슨 말이 그래?
    아내 : 당신은 어떻게 이야기하는데요?

앞의 대화는 질문에 대한 대답이 대응쌍을 이루지 않고 계속되는 요구와 질문이 반복되고 있다. 이러할 경우 대화는 갈등 양상으로 치닫기 마련이다. 대화에서 한 쪽이 질문을 했을 경우 다른 한 쪽은 그 질문에 걸맞은 대답을 해야 한다. 특히 대화가 갈등 없이 이루어지기 위해서는 그 질문에 대한 긍정적인 대답이 필요하다. 따라서 말하는 이가 원하지 않는 부정적인 대답을 선택하는 경우 직접적이고 즉각적인 표현보다는 완화된 표현을 사용하는 것이 좋으며, 만약 의도적으로 화자가 좋아하지 않는 받는 말을 선택하면, 그 대화는 대화가 아닌 상대방에게 도전하는 공격적인 행위가 되고 만다.

③ 발화와 맥락

대화가 갈등 양상으로 치닫지 않고 서로 간의 대화 의도가 무엇인지 정확히 파악하기 위해서는 발화의 의미를 먼저 파악해야 한다. 발화란 대화를 이루고 있는 맥락이 연결되는 작은 단위를 의미하는데, 대화 속에서 말하는 사람이 발화하는 의도가 무엇인지를 정확히 살피는 것은 소통의 대화를 이끄는 중요한 방법 중 하나이다.

    • 날이 많이 춥죠?
    • 여기다 차 세우실 건가요?

첫 번째 발화에는 분명히 숨겨져 있는 의미가 있다. 날씨 이야기부터 시작하는 것은 대화의 첫머리부터 화제를 직접적으로 꺼내지 않고 부드럽게 연결시키고자 하는 말하는 이의 의도가 담겨 있거나, 아니면 날이 추우니 난방을 해 달라는 말하는 이의 요구가 담겨 있는 경우를 예상해 볼 수 있기 때문이다. 두 번째 발화도 마찬가지이다. 여기다 차를 세울 것인지 묻는 내용에는 여기에 주차를 하면 안 된다는 의미가 내포되어 있을 가능성을 생각해 볼 수 있다. 만약에 발화를 듣는 이가 말하는 이의 숨겨진 의미를 파악하지 못한다면 대화는 전혀 다른 방향으로 흘러갈 수 있다.

이렇게 대화를 통하여 말하는 이가 의도하는 의미를 파악해야 하는 것을 '맥락'이라고 할 수 있다. 실제로 대화의 원리는 각각의 대화가 가지고 있는 '맥락'을 정확히 파악할 때 유효하다. 대화의 맥락은 미리 주어져 있는 것이 아니다. 이런 '맥락'에서 이야기를 나누자고 말하는 이와 듣는 이가 서로 정해 놓고 이야기하는 것이 아니기 때문이다. 맥락은 대화에 참여하면서 탐색되고 선택되는 것이다. 즉 말하는 이는 자신의 말이 청자에게 특정 방식으로 해석되기를 바라고, 듣는 이는 그런 해석을 가능하게 해 주는 맥락을 찾아낼 능력이 있음을 상호 간에 기대하고 있는 것이다.

4) 대화의 단계

대화는 일상의 대부분을 구성하는 중요한 요소이다. 따라서 대화를 구성하고 단계적으로 구분한다는 것 자체가 어색할지 모른다. 하지만 대화의 기술, 그리고 올바른 대화를 위해서는 일상에서 이루어지는 대화가 어떠한 단계를 거쳐 구성되는지 살피는 것이 반드시 필요하다. 여기서 제시하는 대화의 단계가 일상에서 이루어지는 대화 상황 모두에서 다 필요한 것은 아니다. 하지만 이 구성 단계를 이해하고, 대화 상황에 따라 적절히 대화 단계를 구성하게 된다면, 좀 더 부드럽게, 그리고 단호하게, 자신의 의견을 정확히 남에게 피력할 수 있는 많은 기회를 얻을 수 있다.

일상의 대화에서 가장 중요한 부분이지만, 쉽게 생략되는 지점은 '도입'이다. '도입'이란 쉽게 설명하면, 상대방에 대한 환영의 표시 혹은 인사라 할 수 있다. 아무리 친한 사이라 할지라도, 서로 방긋 미소를 지어준다거나, 손을 흔들거나, 악수를 나누며 인사를 나누고 대화를 시작하는 '도입' 단계가 존재하는 것과 그렇지 않은 것은 차이가 크다. 이는 상대방의 존재를 겸허히 인정하는 태도이며, 대화를 한층 부드럽게 이끌어 나갈 수 있는 중요한 단계이다.

‘도입’에서 이루어질 수 있는 인사말은 일상적인 것이 좋다. “잘 지냈어?”, “오늘 날씨가 참 좋네.”, “얼굴 좋아 보인다.”와 같은 안부를 묻는 것이 부담이 없다. ‘도입’에서 너무 과도한 인사말은 상대방의 기분을 오히려 상하게 할 수 있다. 직설적인 표현들, 예를 들어 “안 보는 사이에 몸이 많이 불었구나?”, “좋은 일 있었다며 왜 연락이 없었냐?”와 같은 표현들은 대화의 출발을 불안하게 한다.

　다음은 화제 암시이다. 화제는 말 그대로 이야깃거리를 말한다. 하지만 말하는 이가 듣는 이에게 자신의 메시지를 정확히 전달해야 하는 목적이 뚜렷한 대화의 경우 처음부터 단도직입적으로 화제가 제시되는 것은 옳지 못하다. 이는 듣는 이에게 무례한 모습으로 비추일 수도 있을 뿐더러, 말하는 이의 일방적인 통고처럼 보일 수도 있기 때문이다. 따라서 넌지시 자신이 하고 싶은 주요한 이야기가 무엇인지 암시하는 단계가 필요하다. 특히 이 단계에서는 자신의 메시지의 전제를 정확히 해 두는 것이 좋다. 듣는 이가 불필요한 오해를 갖지 않도록 하는 것이다. “그렇게 중요한 건 아니고.”, “지금 통화 가능하세요?”, “우리끼리니까 하는 이야기인데 말이지.”와 같이 대화의 주요 화제가 어떠한 범위 내에서 이루어질지를 미리 이야기해 두면 듣는 이는 대화 속에서 느끼는 부담을 훨씬 줄일 수 있을 뿐더러, 말하는 이의 메시지에 좀 더 집중할 수 있다.

　다음은 화제 제시이다. 이 부분은 대화의 본령으로 본격적인 메시지가 전달되는 단계이다. 이 단계에서는 명확하게 자신이 전하고자 하는 메시지를 분명하게 말하는 것이 좋다. 말하기 힘든 이야기라고 화제에 직접 접근하지 않고 빙빙 돌리게 되면, 듣는 이는 말하는 이가 무슨 이야기를 하려고 하는지 알 수 없을 뿐더러, 말하는 이의 말을 신뢰할 수 없게 된다. 중요한 대화 화제에 대한 전제와 암시는 앞 단계에서 모두 이루어져야 한다. 그리고 이 단계에서는 명확히 자신이 하고 싶은 주요한 내용이 무엇인지 설명해야 한다.

　그 다음은 말차례 교대이다. 앞서 지적한 것처럼 대화는 상호작용이다. 말하는 이가 분명하게 전달하고자 하는 메시지가 있다 할지라도, 이에 대한 듣는 이의 반응을 살피고 자신의 메시지가 정확히 전달되었는지 확인해야 진정한 의미의 대화가 이루어질 수 있다. 말하는 이 혼자 일방적인 메시지를 던졌다고 해서 대화가 끝나는 것이 아니기 때문이다. 말차례를 교대하고 말하는 이는 자신의 메시지가 듣는 이에게 정확히 전달되었는지를 분명히 살펴야 한다. 만약 듣는 이의 반응이 없으면, 이 대화는 실패한 것이 된다. 대화는 기본적으로 의사소통이며, 메시지의 상호작용이 이루어져야 하기 때문이다.

마지막 단계는 끝인사이다. 대화의 첫 단계 도입 부분에서 인사말의 중요성을 언급하였듯이 대화의 마지막도 인사로 마무리 짓는 것이 좋다. 대화 상황이 명백하게 끝났음을 인식시키고 다시 만나 대화할 때까지 여지를 남겨두는 것도 좋은 방법이다.

5) 경쟁력 있는 대화법

지금까지 올바른 대화를 위한 대화의 단계를 살펴보았다. 이제 세부적인 대화 기술을 알아볼 차례가 되었다. 말을 잘한다는 것은 여러 사람 앞에서 자신의 의견을 조리 있게 발표하는 프레젠테이션이나 연설과 같은 분야에서 드러날 수도 있지만, 실제로 어떠한 사람이 말을 잘한다, 혹은 인간관계가 부드럽다는 인상을 얻을 수 있는 대표적인 분야는 대화이다. 경쟁력 있는 대화법의 전제 조건은 언제나 상대방을 배려하는 마음가짐, 특히 약자와 타자를 중심에 놓고 대화하는 것이다.

① 열린 태도

우리는 어떻게 보면 자신의 속내를 열어 보이는 것에 인색하다. 특히 자신의 약점이나 치부를 드러내는 것을 매우 부끄러워한다. 하지만 반대로 생각해보자. 인간은 인간이기에 누구나 실수를 하며, 동시에 그렇기 때문에 인간적인 약점을 가지고 있다. 아무런 결점 없는 사람은 매우 훌륭해 보일지 모르지만, 오히려 인간미가 떨어져 쉽게 접근할 수 없기도 하다. 대화 상황에서 자신을 드러내 보이는 것은 매우 필요하다. 즉 자신의 '속내'를 있는 그대로 다 드러내 보일 필요는 없겠지만, 분명한 것은 자신이 가지고 있는 부족한 부분을 스스로 인정하고, 상대방이 보이고 있는 약점과 노출도 인정해야 한다는 것이다. 대화 상황에서 드러나는 인간미, 그리고 약간의 속내와 결점은 대화를 좀 더 열린 방향으로 이끌어 나갈 수 있다.

드라마나 영화, 혹은 책을 보다가 가끔은 감동의 눈물을 흘리거나 주인공의 행동에 깊이 자신의 감정이 이입되는 경험은 누구나 한 번 쯤 가져본 적이 있을 것이다. 대화에서 감정 이입도 이와 비슷하다. 상대방의 관점에 자신의 감정을 이입하면 화자가 이야기하고 자하는 내용, 즉 메시지가 무엇인지 좀 더 분명하게 확인할 수 있다. 하지만 분명한 것은 감정 이입이 되지 않을 때에 무턱대고 말하는 이의 감정을 따라갈 필요는 없다는 점이다. 감정 이입이 잘되지 않는 경우는 분명 말하는 이의 생각과 나의 생각이 다른 부분이 존재하는 것이기 때문이다. 이때에는 말하는 이의 메시지에 대한 평가를 유보할 필요가 있다. 평가의 유보는 매우 중요하다. 유보란 말 그대로 판단을 뒤로 미루는 것이지 말하는 이의 메시지에 반대하는 것이 아니기 때문이다. 평가를 유보한 뒤 말하는 이의 이야기에 감정 이입이 될 때 유보된 메시지의 평가를 다시금 확인할 수 있기 때문이다.

② 긍정적 태도

같은 말을 하더라도 긍정적으로 표현하는 것이 훨씬 좋다는 사실은 누구나 알고 있다. 다만 실천의 문제일 뿐이다. 예를 들어 새로 산 옷을 자랑하는 친구에게 "그 옷은 네게 어울리지 않아."라고 말하는 것보다는 "그 옷도 어울리지만, 예전에 입었던 옷이 더 잘 어울리는 것 같다."라고 이야기하는 것이 훨씬 더 부드럽고, 자신의 메시지를 정확히 전달할 수 있다. "안 돼.", "난 그렇게 생각하지 않아."라고 직접적으로 말하기 보다는 상대방의 의견을 일단 인정하면서 다른 자신의 의견을 드러내는 것이 좋다. 즉 직접적인 부정 보다는 긍정적 태도로 자신의 의견을 표현하는 것이다.

③ 대응의 시간적 적절성

현대인들의 대화 양상을 살펴보면 재미있는 현상을 발견할 수 있다. 사랑하는 두 남녀가 같이 잘 꾸며진 커피숍에 들어가서 데이트를 한다 하더라도, 이 남녀는 서로의 눈을 쳐다보며 사랑을 속삭이는 것이 아니라, 각자의 스마트폰을 쳐다보며 서로 딴 짓하기에 바쁜 경우가 많다. 이러한 상황 속에서 이루어지는 대화는 진정한 의미의 대화라고 볼 수 없다. 대화는 대화가 이루어지는 그 자리에서 직접 이루어져야 하는 것이다. 즉 대화 상대방을 인식하고, 말하는 이의 메시지와 감정에 즉시 반응해야 하는 것이다. 이러한 대응의 시간적 적절성을 잘 활용하면, 말하는 이는 듣는 이가 자신의 이야기에 귀 기울이고 있음을 확인함과 동시에 듣는 이를 깊이 있게 신뢰하게 된다. 신뢰가 이루어지는 대화는 분명히 성공할 확률이 높다.

④ 표현력의 중요성

　표현력이란 남과는 다른 나만의 생각과 감정의 표출을 의미한다. 말을 잘한다는 것은 사실 남과는 다른 방식으로 자신의 생각을 드러내고 감정을 드러내어 상대방을 설득시키는 것을 의미하기 때문이다. 남과 다른 표현력을 가지기 위해서는 많은 노력이 필요할 듯 싶지만, 실상은 그렇지 않다. 상대방의 의견을 경청하고, 공감하며, 그에 대한 대안을 제시할 때는 반드시 자신의 생각을 뚜렷이 드러내는 훈련만 이루어지면 자신만의 표현력을 쉽게 기를 수 있기 때문이다. 고민을 상담하는 대화의 경우, 듣는 이는 말하는 이가 말하고자 하는 메시지를 주의 깊게 들어주는 것만으로도 그 역할을 다할 수 있다. 하지만 경청과 함께 자신의 생각을 일러주는 것이 더 효과적이다. 이러한 방식을 '나—전달법'(I-message)라고 한다. 이는 대화의 실제에서 더 자세히 살펴보도록 한다.

⑤ 타인지향성

　대화의 기본은 사실 '듣기'에서 출발한다. 이 책에서 '경청'의 부분이 따로 설정되어 있는 것도 그런 이유이다. '경청'은 말 그대로 타인 지향성의 기본이 된다. 먼저 화자가 하는 말을 주의 깊게 들어야 자신의 생각을 논리적으로 드러낼 수 있다. 그리고 경청은 타인의 감정에 자신의 감정을 이입하고, 동시에 그 타자가 생각하는 방향성을 인식하는 중요한 방법임이 분명하다. 대화 상황에서는 일단 상대방의 이야기를 주의 깊게 들어야 한다. 들을 때는 일단 자신의 생각을 유보하고 타자 지향으로 상대방이 이야기하고자 하는 것이 무엇인지를 잡아낼 수 있어야 한다. 이러한 태도는 대화 내에서의 메시지 교환을 한창 부드럽게 함이 분명하다.

　이상에서 살펴본 방법들 외에 경쟁력 있는 대화능력을 갖추기 위해 알아 두어야 할 방법에는 어떠한 것이 있는지 정리해 두도록 하자. 아울러 자신의 대화 방식에 대한 검토도 해두도록 하자.

　6) 감정 표현과 '나' 전달법의 대화

　감정을 있는 그대로 표출하면 손해 보는 경우가 많을 수 있다. 특히 한국 문화권에서는 장소에 따라 대화 맥락에 따라 자신의 감정을 솔직하게 드러내는 것보다, 숨기고 애써 감추어야 하는 경우가 많다. 특히 직설적인 감정 노출은 환영받지 못하는 게 사실이다.

하지만 자신의 감정을 제대로 표출하지 않고서는 진정한 대화가 이루어지기 어려울 뿐더러, 불필요한 오해를 불러일으킬 수도 있고, 더 나아가 거짓말에 이르게 되는 경우도 많다. 상대방의 감정을 상하게 하지 않으면서 자신의 감정을 자연스럽고, 자신 있게 표현하는 것은 매우 중요하다. 이를 위해서는 먼저 자신이 어떠한 감정 상태에 놓여있는지를 제대로 파악해야 한다. 화가 나 있다면, 화난 것이 좋은 것인지 나쁜 것인지, 이 감정이 부당한 것인지, 아니면 올바른 것인지, 그리고 이러한 감정을 어떠한 행동이나 말로 표현할 것인지를 하나하나 따져보아야 하는 것이다.

그러나 순간적인 대화 상황에서 자신의 감정을 위의 조건에 맞추어 하나하나 분석하고 뒤돌아본다는 것은 결코 쉬운 일이 아니다. 따라서 감정표현을 위한 가장 좋은 대화법으로는 '나 전달법(I-Message)'이 있다.

나 전달법이란 화자 스스로를 지칭하는 '나'로 시작하여 대화하는 방법을 말한다. 대화 상황에서 '나'를 주어로 하게 되면, 자연스럽게 현재 자신이 처한 상황이나 감정을 인식하고 솔직하게 표현할 수 있는 기회가 주어진다. 즉 대화 상황 속에서 벌어진 문제에 대해 상대방 '탓'을 하지 않고, 그 상황에 놓여 있는 '나'의 상황과 감정을 직시할 수 있는 것이다. 다음 사례를 보자.

여자 : 너 어제 왜 연락 안했어? 하루 종일 뭐 한 거야?

남자 : 그냥 그런 일이 있었어.

여자 : 넌 언제나 그래. 무슨 문제가 있으면 어떻게 그렇게 연락을 끊어? 도대체 왜 그래?
　　　 이해할 수가 없어. 말 못할 일이라도 있어?

남자 : 야. 너는 안 그랬나? 너도 그랬잖아.

상대방, 즉 '너'를 주어로 하게 되면, 자신이 놓여 있는 상황이나 감정을 객관적으로 바라보지 않고, 무조건 모든 문제를 상대방의 탓으로 돌리게 된다. 이러한 상황이 벌어진 이유가 모두 상대방에게 있기 때문에 자신의 감정을 주체할 수도 없고, 이 상황을 객관적으로 응시하고 문제점이 무엇인지 파악하기도 어렵다. 따라서 이런 대화는 대화가 아닌 싸움으로 쉽게 변하기 마련이다. 하지만 위와 같은 상황에서도 주어를 '나'로 바꾸면 화자는 자신의 감정과 대화 상황에 좀 더 정확하고 냉철하게 다가설 수 있다.

여자 : 난 어제 너랑 연락이 안 돼서, 너무 섭섭했어.

남자 : 그게 나한테도 좀 말 못할 이유가 있었어. 연락 못 받아서 정말 미안해.

여자 : 난 너랑 연락이 안 될 때마다 너한테 무슨 이유가 있다는 걸 알아. 하지만 나는 네가
생각하는 것만큼 그렇게 하찮은 사람은 아니다 싶어.

남자 : 미안하다. 나도 이제 아무리 말 못 할 이유라도 꼭 연락할게. 그리고 이제 내가 어제
연락 못한 이유 말해줄게.

주어를 '나'로 바꾸면 자신의 감정에 솔직해지고, 오히려 자신이 화가 나거나 슬펐던 진짜 이유가 무엇인지 스스로 확인할 수 있다. 그리고 자신의 감정에 솔직해지면, 감정이 자연스럽게 상대방에게 표출되어, 그 진심을 전달할 수 있다. 불필요한 오해나 거짓말이 생길 여지가 거의 사라지는 셈이다. 이러한 나 전달법은 크게 세 가지 정보가 필요하다. 첫째는 문제를 유발하는 상대방의 행동이 무엇인가? 둘째는 그 행동이 나에게 끼치는 영향, 마지막 셋째는 그 결과에 대한 자신의 감정이다. 위의 예시도 이와 비슷하다. 먼저 연락이 되지 않았던 상대방의 행동을 직시한다. 그리고 그 행동 때문에 내가 받는 영향을 설명한다. 그리고 마지막으로 그 영향으로 인한 솔직한 감정이나 이유를 설명하게 되면, 상대방은 말하는 이의 진심을 논리적이고 객관적으로 받아들일 수 있는 것이다.

2. 거절의 대화

대화 상황에서 이루어지는 부탁을 거절하는 것은 정말 어려운 일이다. 남에게 부탁하기 어려운 것처럼 거절도 어렵다. 사실 많은 사람들이 부탁은 쉽게 하지만, 거절은 쉽게 할 수 없는 경우가 대부분이다. 하지만 대화 상황에서 거절하지 못하면 나중에 문제가 되기 마련이다. 승낙했기 때문에 하기 싫은 일을 억지로 해야 하는 것은 물론이거니와 승낙한 일을 하지 않으면 거짓말을 한 꼴이 되기 때문이다. 따라서 상대방의 감정이나 자존심을 상하게 하지 않으면서 거절하는 것은 대화의 중요한 요소임이 분명하다.

대화 상황에서 거절의 메시지가 전달되는 경우는 대개 대화에 참여하고 있는 사람들의 생각이나 의도가 일치하지 않는 경우에서 발생한다. 거절할 때는 반드시 상대방의 의도와 요구에 대해 거부하더라도, 그의 체면이나 인격, 감정은 상하지 않도록 항상 유의해야 한다.

거절의 대화를 이끄는 첫 번째 방법은 대안 제시이다. 대안이 없는 거절은 사실 비난에

가깝다. 상대방의 의견에 무조건 반대하는 꼴이 되기 때문이다. 실제로 토론과 같은 대화에서 상대방의 견해에 이유 없이 반대하는 것은 비난밖에 되지 않는다. 거친 말을 섞지 않았을 뿐 실상 욕하는 것과 다를 바 없다.

화자 A : 나 수업 대리 출석 좀 해주라.
화자 B : 그게 말이지……
화자 A : 왜? 안 돼? 넌 내 상황 뻔히 알면서 그걸 안 들어 줄 수 있나?
화자 B : 있잖아, 니도 알다시피, 나 지난번에 대리 출석하다가 걸릴 뻔했잖아. 이번에 또 그 시간인거 몰라?
화자 A : 걸릴 뻔한 거지, 안 걸렸잖아.
화자 B : 그러지 말구, 이번 수업 들어가자. 네 상황 내가 잘 알고 있으니 대신 네 급한 과제는 내가 좀 도와줄게.

대안을 제시하기 어렵다면 타당한 이유를 제시하는 것도 좋다. 다음 사례를 보자.

화자 A : 야! 미안한데, 노트북 좀 빌려줘.
화자 B : 미안하지만, 안 돼.
화자 A : 뭐야? 새로 산 비싼 노트북이라고 재는 거야!
화자 B : 나 다음 시간에 바로 발표야. 기억나지?

상대방의 입장에서 배려하는 거절은 사실 가장 효과가 좋다. 거절당한다 하더라도, 듣는 이는 말하는 이가 자신의 입장을 이해하고 배려하면서 자신의 뜻을 세우고 있다는 사실을 깨달을 수 있기 때문이다.

이상은 가장 대표적인 거절 방법을 설명한 것이다. 그러나 이러한 거절의 방법이 실제 상황에서 적용될 수 있는지는 사실 장담하기 어렵다. 그렇다면 우리의 실제 생활에서는 어떻게 거절하는지 자신의 경험을 정리해보는 과정이 중요하다. 다음을 참조하여 거절하는 말하기에 대해 정리해보자.

- 왜 거절하는 것이 힘든가?
- 나는 거절을 잘하는/못하는 편인가? 그 이유는?
- 나의 거절 방법은 무엇인가?

3. 위로의 대화

위로의 사전적 의미는 "따뜻한 말이나 행동으로 괴로움을 덜어 주거나 슬픔을 달래 주는 것"이다. 이 단어는 영어의 'tree(나무)'와 관련하여 'traust'라는 북유럽어의 어간에서 파생되었다. 나무라는 말에는 목재의 적목질, 심재, 유럽 적송을 의미하는 인도게르만어의 어근 'deru', 'dreu'가 담겨있는데, 바로 여기에서 'trust', 신뢰, 충실함, 확고함, 낙관의 의미가 파생되었다. 즉, 위로라는 말은 나무처럼 기댈 수 있는 무언가가 있다는 것을 내포하고 있음을 뜻한다. 위로라는 단어를 나무로 은유함으로써 그 의미를 직접적으로 알 수 있다.

위로는 상대방의 고통과 무기력과 고난, 부담과 슬픔을 덜어주는 말과 행동이며 접촉을 통한 도움이자 지원이다. 또한 위로는 공감과 격려를 통해 상대방의 기운을 북돋아주는 것을 의미하며, 내가 다른 사람에게 위로가 되는 것 모두를 포함한다. 결국 위로는 "세상에서 가장 따뜻한 나눔"이라고 정의 내릴 수 있다. 왜냐하면 위로는 상대방에게 손을 뻗음으로써 무겁고 어두운 심연을 부정하는 것이 아닌, 극복할 수 있도록 도와주는 것이라 생각하기 때문이다.

좋은 위로는 상대방을 안도시켜줄 뿐만 아니라, 운명과 사람 그리고 삶에 대한 신뢰를 회복시켜 준다. 또한 위로는 우리의 마음을 부드럽게 녹여주고 가혹함과 완고함, 무자비함에 맞설 수 있게 해주며 운명과, 인간 그리고 삶과 화해하게 해준다. 따라서 우리는 삶의 힘든 상황뿐만 아니라, 일상의 무수히 많은 상황에서 위로를 필요로 하기 때문에 위로는 굉장히 중요하다.

① 공감하며 들어주기

귀 기울여 듣지 않고는 아무것도 할 수 없다. 상대방의 말을 귀 기울여 듣는 것은 위로하기의 첫 단계이다. 귀 기울여 듣는 것을 경청이라고 표현 할 수 있다. 경청은 질문하거나 이야기하는 것을 뜻하지 않는다. 경청은 상대방 곁에서 상대방이 말하는 것과 말하지 않는 것, 이를 통해 전달하려는 의미를 인지하는 것을 의미한다. 경청은 크게 주의 깊게 경청하는 것과 신중하게 경청하는 것으로 나뉜다. 주의 깊게 경청을 할 땐, 내면의 대화와 논평을 멈추고, 상대방의 말에 집중을 하면서 들어야한다. 한편, 신중한 경청을 할 땐 편견 없는 마음과 긍정적인 마인드가 필요하다. 결국, 성공적인 위로의 대화에서는 위의 두 가지 경청 방법을 포함한 '무조건적인 경청'이 필요하다.

② 속마음 드러내도록 도와주기

상대방의 말을 주의 깊게 경청하려면 상대방이 속마음을 모두 털어놓도록 들어주고, 우리는 한 박자 심호흡을 내쉬는 것이 중요하다. 위로에는 상대방의 '타이밍'과 관련이 있다. 그래서 아무리 좋은 의도라도 상대방을 돕고자 하는 자동적인 반응을 늦출 필요가 있다. 그러나 우리는 상대방의 고통을 오히려 자신이 견뎌내지 못할까봐 두려운 마음에서 혹은 상대방이 최대한 빨리 고통을 극복하도록 도우려는 마음에서, 상대방에게 도움이 된다고 판단되는 것을 말하거나 행동으로 옮긴다. 또한 대부분의 사람들은 자신도 덩달아 무기력해지는 것을 방지하기 위해 상대방이 힘든 상황에서 최대한 빨리 벗어나게 하려고 서두르는 경향이 있다. 하지만, 그럴 때 일수록 한 박자 쉬어가면서 상대방의 고통에 관심을 갖고, 상대방이 언제 도움을 필요로 하는지 인지해야한다. 또한 이해가 안 되는 부분이 있다고 하여 빨리 대답하도록 재촉하는 것이 아니라, 잠시 서서 기다려야한다. 더불어, 이미 모든 것을 다 얘기하여 더 이상 얘기할 것이 없는 상황에서도 서로를 위해 시간을 보내는 것도 상대방을 위로하는 방법 중 하나이다.

③ 함께 있어주기

상대방이 고통스럽거나 충격적인 말을 할지라도 상대방이 느끼는 모든 것을 수용할 의향이 있음을 보여주는 것이 중요하다. 굳이 전문 상담사나 치료사가 아니어도 위로를 해줄 수 있는 방법은 많다. 상대방의 말을 경청하고 상대방의 감정을 수용하며 진지하게 여긴다는 걸 보여주는 것만으로도 충분하다. 자신을 위해 누군가가 아무런 대가를 바라지 않고 옆에 있다는 사실만으로도 이미 큰 힘이 되기 때문이다. 그리고 이때는 상대방에게 일어난 일을 곰곰이 생각해 볼 수 있는 여지를 주어야한다. 상대방에게 조언이나 해결책이 아닌 질문을 던지고, 스스로 생각하고 문제점을 곱씹어 볼 수 있도록 하는 것이 중요하다. 이렇게 하면서 타인의 문제점을 해결해 줄 수는 없지만, 이들의 고통을 경감시켜 줄 수는 있기 때문이다.

④ 상대방 감정 인정하기

"힘내", "울지 마", "긍정적인 면을 생각해." 라는 것처럼 상대방에게 하는 충고에 한 가지 공통점이 있다. 그것은 상대방의 기분을 바꾸려는 것이다. 하지만 누구나 자기 마음 대로 감정을 느낄 권리가 있음을 잊어버려서는 안 된다. 우리는 상대방의 기분을 있는 그 대로 진지하게 받아들여야 한다. 또한 힘든 상황에 처한 사람들에게는 "내가 뭔가 해줄 수 있는 것이 있으면 말해."라는 위로를 하지 않는 것이 좋다. 당사자들은 자신에게 도움 되는 것이 무엇이며, 자신이 어떤 도움을 필요로 하는지 모를 때가 있기 때문에 이런 말 한마디에 부담을 가질 수도 있기 때문이다. 그저 상대방의 말에 온전히 집중하여 경청하 고 상대방과 교감을 나누어 '사람들이 나를 바라보고 내 말을 들어준다.'라고 느끼도록 하 는 것이 중요하다.

⑤ 상대의 상황 인정하기

자신에게는 위로가 되는 것이 다른 사람에게는 전혀 도움이 안 될 수도 있다. 위로에 대한 사람들의 생각은 제각기 다르므로, 위로에 대한 자신의 관점을 다른 사람에게 그대 로 적용하면 안 된다. 다른 사람의 입장을 이해한다는 것은 아주 힘든 일이다. 상대방이 처한 현실에 주의를 기울이고 이해하는 것이 중요하다. 이때, 자신의 고정관념과 선입견 으로 판단하거나 상대방의 말이나 행동들을 중단시키거나 조언하고 그것을 실천하도록 강 요하지 않는 것이 중요하다.

⑥ 위로의 적절한 표현

"다 잘 될 거야!" "힘내!" "어쩌겠니?, 참고 견뎌야지" 등과 같은 말은 물론 좋은 의도로 말했을 것이다. 하지만 아무리 좋은 의도라도 역효과를 낼 수 있다. 이런 억지스럽고 낙관 적인 표현은 상대방의 고통을 아무렇지 않게 여기는 것처럼 느껴질 수 있다. 이런 위로를 하는 사람들은 상대방의 고통을 받아들이려 하지 않는 경향이 있다. 그렇기 때문에 그 고 통을 빨리 극복해야 한다는 메시지를 미묘하게 전달하여 상대방을 압박한다. 그렇다보니 상대방의 힘을 북돋아주기 위한 말이 상대방에게 힘을 실어주기보다는, 상대방의 마음을 상하게 할 수 있다. 굳이 마음이 없는 말을 하는 대신 상대방의 말에 귀를 기울이며, 서툴 지라도 자신만의 위로 표현을 찾아 위로해줘야 한다.

4. 사과의 대화

거절만큼이나 중요하지만, 거절만큼이나 하기 힘든 것이 사과다. 특히 한국 사회는 사과에 매우 인색하다. 사과란 자신의 잘못을 인정하고 용서를 구하는 매우 용기 있는 행동임에도 불구하고, 사과 때문에 사과한 사람이 모든 책임을 뒤집어 쓸 수 있다는 오해와 잘못된 자존심 때문에 사과의 대화는 쉽게 이루어지는 법이 없다. 특히 사과는 매우 가까운 관계일수록 더 중요한데, 실상 우리는 가장 가까운 가족이나 친지, 그리고 매우 친한 친구사이에서 더 사과의 대화를 나누지 않기도 한다.

사과의 대화는 매우 간단하다. 먼저 명확한 사과의 표현을 사용하는 것이다. 미안하다, 죄송하다, 잘못했다, 용서를 구한다와 같은 말이 먼저 나오는 것이 좋다. 이러한 표현이 먼저 등장하면 청자는 화자가 변명을 하거나 다른 이유를 대는 것이 아니라 자신의 잘못을 정확히 시인하고 있다는 인상을 받기 때문이다. 물론 화자와 청자가 대화의 사과 상황과 맥락에 동의한 경우 구차한 설명보다 짧고 진심어린 사과 표현이 더 큰 효과를 불러일으킬 수도 있으나, 사과는 단순히 자신의 잘못을 시인하는 것에만 그치지 않고, 사과 이후의 상황과 행동까지 설명하는 것이 좋다.

사과의 대화에서 먼저 생각해 볼 표현은 자기 비난, 혹은 자기 인정이다. 이러한 상황이 자신의 잘못에서 비롯되었음을 자기 비난이나 인정을 통해 명백히 드러내는 것이다. 자신의 잘못을 인정함과 동시에 자신을 낮추면, 사과를 받는 당사자는 사과하는 사람의 진심을 보다 쉽게 이해할 수 있다.

> 화자 A : 내가 잘못했다. 경기하다 너무 흥분했나봐. 나도 모르게 그만……
> 화자 B : 그래 흥분한 거 같긴 하더라. 앞으로는 이렇게 깊은 태클 하지 마.

상황에 따라서는 잘못한 일이 왜 벌어지게 되었는지 설명이 필요할 경우가 있다. 분명 고의는 아니지만, 상대방의 행동을 전혀 이해할 수 없는 경우도 존재하기 때문이다. 설명을 할 때에는 자신의 설명이 변명처럼 들리면 좋지 않다. 어쩔 수 없는 상황에서 고의성 없이 이루어진 일임을 설명하고 이에 대한 양해를 구하는 쪽으로 설명이 이루어져야 한다.

화자 A : 아니 이렇게 길을 막고 주차하시면 어떻게 합니까?

화자 B : 정말 죄송합니다. 화장실이 너무 급해서요. 이렇게 세워두면 차 못 빼는지 알고는 있었지만, 정말 어쩔 수가 없었네요. 죄송합니다.

가장 좋은 사과 표현으로는 재발 방지를 약속하는 것이 있다. 실상 실수가 반복되면 실패가 된다. 또한 반복되는 실수는 그 사람의 신뢰성을 떨어뜨린다. 재발 방지 약속은 사과의 의미를 내포하고 있는 동시에 똑같은 실수를 반복하지 않겠다는 다짐이기도 하다. 이러한 재발 방지는 상대방에게 더 이상의 비난을 할 수 있는 여지를 주지 않음으로써, 곤란한 대화 상황에서 쉽게 빠져 나오게 할 수 있기도 하다.

화자 A : 여기요! 보세요. 칼국수 모시조개 안에 돌이 너무 많네요.

화자 B : 아이고 손님, 죄송합니다. 저희가 급히 만들다보니 해감이 덜 된 모양이네요. 앞으로 이런 일 없도록 철저히 주의하겠습니다. 드시고 계신 음식 새것으로 바꾸어 드릴게요.

[연습문제]

이상을 통해서 사과하는 말하기에 대해 살펴보았다. 다음의 질문을 따라 가면서 사과하는 말하기에 대해 자신의 생각과 경험을 정리해보자.

1 사과하는 말하기가 어렵다면 그 이유는?

---

2 나는 사과하는 말하기를 잘하는/안하는 편인가?

---

3 내가 생각하는 사과하는 말하기의 올바른 방법은?

[연습문제]

1 대응쌍에 맞도록 바꿔보자.

A : 저 여자 누구야?

B : 그건 왜 묻는데?

A : 왜 내가 알면 안 되는 사람이야?

B : 누가 알면 안 된다고 했어?

---

2 다음 대화 상황에서 화자 A가 이야기를 꺼낸 발화 맥락이 무엇인지 생각해보고 그 맥락에 알맞은 대화를 만들어 보자.

A : 혹시 지금 당장 이리 와 줄 수 있어?

B : 지금? 나 집에 가는 길인데?

A : 휴… 그럼 내일은? 아니다 됐다.

A : 저 혹시 커피 한 잔 하시겠어요?

B : 전 커피 싫어하는데요?

A : 아…… 젠장. 돈 다 떨어졌다. 어떻게 하지?

B : 거봐라 맨날 쏘더니만 내 그럴 줄 알았다.

---

3 다음 상황을 거절하는 대화를 구성해보자.

① 용돈이 부족한데, 항상 밥 사달라고 요구하는 경우

② 지난번에 빌려간 돈 갚지도 않았으면서 한꺼번에 갚을 테니 돈 빌려 달라는 경우

③ 열심히 준비한 보고서 그대로 베낄 것이 뻔한데, 집요하게 빌려 달라고 요구하는 경우

----

4 스스로 다음 상황에 처해있다고 가정하고 사과하는 대화를 나누어 보자.

① 친구에게 제때 돈을 갚지 못했을 때

② 남의 물건을 빌려 사용하다가 파손시켰을 때

③ 공공장소에서 실수로 남의 신체에 접촉하거나 충격을 줬을 때

④ 도로에서 자신의 과실로 접촉사고가 났을 때

⑤ 상대방의 약점이나 자존심을 건드려 감정을 상하게 했을 때

제4장

설명

(윤혜영)

1. 설명의 개념과 방법

우리는 타인과의 다양한 관계 속에서 하루하루를 살고 있으며 그 관계의 바탕을 이루는 것이 바로 커뮤니케이션이다. 인간이 의사소통하는 것은 근본적으로 한 개인이 외부 세계와 지식과 정보 등을 주고받으며 조정해가는 과정이다.

인류 역사상 '말하기'는 '글쓰기'보다 훨씬 더 오래전부터 사람들을 움직이게 하는 강력한 수단이었고, 지금에 있어서도 중요한 의사소통 행위이다. 현대사회는 연설, 발표, 보고, 협상, 인터뷰, 토론 등 다양한 형태의 '말하기' 능력을 요구한다. 우리는 깨어있는 시간동안 끊임없이 듣고 말하면서 보내지만, 대부분의 사람들이 공적·사적 상황에서 효과적인 '말하기'에 어려움을 겪고 있는 것이 현실이다.

이 장에서는 생활 속에서 가장 많이 사용되는 '설명하는 말하기'에 대해 배우게 된다. 현대는 명확하고 논리적인 설명이 중요한 시대이다. 설명은 이미 알려진 사실이나 지식, 정보 등을 상대에게 전달하여 그를 이해시키려는 데 목적이 있다. 아무리 고급 정보라 할지라도 상대가 이해하지 못하면 아무런 의미가 없기 때문이다.

우리는 일상에서 자신이 본 영화에 대한 설명, 요리 방법(recipe)에 대한 소개, 인터넷 게시글에 대한 대화, 학교의 강의와 수업 등에서 말하고 듣고 있으며, 이 말하고 듣는 내용들은 모두 정보를 담고 있다. '설명하는 말하기'는 다양한 정보를 제공하여 청자가 쉽게 이해할 수 있도록 하는 '정보제공 스피치'라고 할 수 있다. 이 '정보제공 스피치'는 설명에 집중한다는 점에서 설득을 포함하는 '프레젠테이션'과는 차이가 있다.

아무리 생각이 깊고 정보가 뛰어나도 명료하게 전달하여 상대를 이해시키지 못한다면 그 능력들은 빛을 볼 수 없게 된다. '말하기' 능력은 자신의 의욕만으로 어느 날 갑자기 향상되지 않는다. 능력 향상을 위해서는 상대를 이해시킬 수 있는 다양한 방법을 알고 반복적인 연습 과정을 거쳐야 한다. 이러한 값진 과정을 거친 후에야 우리는 어느 누구보다도 탁월한 '말하기' 능력을 지닐 수 있게 될 것이다.

1) 설명의 개념

우리는 타인과의 다양한 관계 속에서 하루하루를 살고 있으며 그 관계의 바탕을 이루는 것이 바로 커뮤니케이션이다. 인간이 의사소통하는 것은 근본적으로 한 개인이 외부 세계와 지식과 정보 등을 주고받으며 조정해가는 과정이다. 따라서 우리가 외딴 무인도에서 혼자 살아가지 않는 이상, 현대 사회에서 자신의 의사를 표현하고 남의 의사를 전달받으며 발전적 관계를 만들어가기 위해 커뮤니케이션 능력은 무엇보다 중요하다고 할 수 있다.

자신의 생각을 상대에게 전달하고자 할 때, 우리는 어떠한 방식으로 생각을 전달할 것인가를 결정해야 한다. 이때 전달하고자 하는 내용을 효과적으로 표현하는 방식에 '설명'이 있다. 설명은 일상생활에서 가장 광범위하게 사용하는 말하기이다. 설명은 청자가 모르고 있거나 알고 있더라도 불충분한 정보를 갖고 있을 때, 조금 더 분명하고 상세한 정보를 상대에게 전달하여 그를 이해시키는 데 목적이 있는 표현 방식이다. 설명이 쓰이는 말하기 유형에는 강의, 강연, 여행담 발표, 일화, 사건이나 사실의 전달 등 청자의 이해를 목적으로 하는 말하기가 있다.[1]

[연습문제]

1 일상에서 설명을 잘 한 에피소드나 혹은 잘해내지 못한 에피소드를 말해보자.

----

2 기억에 남는 여행담을 말해보자.

---

1) 소춘섭·이윤애(2013), 『삶을 바꾸는 말하기』, 도서출판 역락, p.49~50.

2) 설명의 방법

설명은 지식이나 정보를 제공하여 상대의 이해를 돕는 진술 방식이다. 따라서 설명의 진술 방식을 활용할 때에는 먼저 말하고자 하는 대상을 올바르게 파악하여 그에 대한 정확한 지식을 갖추고 있어야 한다. 그리고 효과적으로 설명할 수 있는 방법들을 알고 있어야 한다. 대체적으로 설명하는 방법에는 지정, 정의, 예시, 비교, 대조, 분석, 분류, 설명적 서사, 설명적 묘사 등이 있다.[2]

(1) 지정·정의

지정은 몇 가지 사실 가운데 해당되는 사실을 찾아내어 알려 주는 것으로 설명 방법 중 가장 단순한 방법이다. 예를 들어, "여기가 어디냐?"와 같은 질문에 대해 "여기는 원주이다."와 같은 대답이 곧 지정이다. 지정은 대개 설명의 첫머리에서 많이 활용된다.

설명을 하는 소항목에서는 그 세부 내용으로 먼저 용어 풀이부터 해야 하는 경우가 있다.[3] 정의는 어떤 단어나 사물의 뜻을 명백히 밝혀 명확하게 규정하는 설명 방법이다. 우리가 같은 단어를 사용한다고 해서 그 단어의 의미까지 동일하게 사용하는 것은 아니다. 개념 정의는 그 자체로 대상에 대한 이해와 사고를 드러낸다고 할 수 있다.[4]

다음 글에서 사용된 설명 방법으로 어떠한 효과를 거둘 수 있는지 생각해보자.

황사는 아시아 대륙의 중심부에 위치한 사막과 황토(黃土) 지대의 작은 모래나 황토가 하늘에 부유하거나, 상층 바람을 타고 멀리 수송돼 다시 지면 가까이 낙하하는 현상을 말한다. 세계적으로는 '노란 모래'라는 뜻의 황사란 용어보다 '아시아 먼지'로 알려져 있다. 사막 지역에서는 이와 유사한 현상들이 공통적으로 나타나는데, 아프리카 대륙 북부의 사하라 사막에서 발원하는 것은 '사하라 먼지'로 불린다.

황사 현상은 그 기원이 지질 시대로 거슬러 올라가는 매우 오래된 현상이다. 역사 시대 이전에도 황사 현상이 있었다는 것을 뢰스(Loess) 지대의 분포를 통해 알 수 있다. 뢰스는 바람에 의해 침적한 모래와 진흙이 섞인 점토를 말한다. 현재 전 세계 지표면의 10% 정도가 뢰스 지대를 이루는 것으로 생각되고 있다. 그 중 가장 두렵고 넓은 지역이 중국의 텐겔, 올

---

2) 건국대학교 글쓰기연구회(2011), 『글쓰기의 기술 : 실용편』, 조율, p.78~89. 참조.
3) 박영찬(2011), 『스마트 프레젠테이션』, 매경출판(주), p.146.
4) 고려대학교 사고와 표현 편찬위원회(2005), 『글쓰기의 기초』, 고려대학교 출판부, p.168.

도스 사막의 동남쪽 황토 고원으로 오늘날 황사가 발원되는 지역과 일치하고 있다.

－전영신, 〈봄의 불청객 황사〉

(2) 예시

예시는 개념, 문제, 사안 등을 설명할 때 추상적인 대상이나 잘 알지 못하는 내용을 구체화하여 이해를 돕는 설명 방법이다. 실제로 보거나 들은 일, 역사적 사실, 여러 매체에서 읽은 사건 등을 사례로 제시하여 전달하고자 하는 내용을 효과적으로 설명할 수 있다. 특히 예시는 내용을 실감나게 만들어 상대에게 깊은 인상을 줄 수 있다. 이러한 예시를 활용하여 일반화할 경우에는 근거가 되는 사례가 충분히 제시되어야 한다.

다음 글에서 사용된 설명 방법으로 어떠한 효과를 거둘 수 있는지 생각해보자.

오늘날 세계의 여러 언어를 견주어 보면 그 구조뿐 아니라 어휘조차도 다름을 알 수 있다. 이를테면, 에스키모 인들은 '눈[雪]'을 세 가지로 나누어 구별한다. 그들에게는 '내리는 눈'과 '쌓인 눈' 그리고 '집을 짓는 데 쓰이는 눈'을 가리키는 말이 각각 다르다. 그러면서도 이들 세 가지를 모두 함께 가리킬 수 있는 말은 없다. 반면에 우리에게는 단지 한 가지 말이 있을 뿐이다. 에스키모 인들이 구별하는 세 가지의 '눈'이 우리에게는 모두 한 가지 '눈'으로만 보이는 것이다. 또 우리말에서는 '모, 벼, 쌀, 밥'이라고 구별되는 말들이, 영어를 사용하는 사람들에게는 단지 'rice'라는 한 낱말로 표현될 뿐이다. 그리고 우리는 무지개의 색깔을 일곱 가지로 나누는 데 반하여, 어떤 민족은 단지 두 가지만으로 말하기도 한다.

－김슬옹, 〈말의 중요성〉

(3) 비교·대조

비교와 대조는 모두 둘 또는 그 이상의 대상을 견주어 공통점이나 차이점을 밝혀 대상들의 특성을 보다 명확하게 부각시켜 이해를 돕는 설명 방법이다. 비교는 둘 이상의 대상들 간에 나타나는 공통점 내지는 유사점을 강조하는 데 비해, 대조는 둘 이상의 대상들 간에 나타나는 차이점을 강조한다. 이러한 비교와 대조를 활용할 경우에는 그 기준이 말하는 목적에 합당해야 하며 공간이나 가치의 연속성에서 배열되어야 한다.

다음 글에서 사용된 설명 방법으로 어떠한 효과를 거둘 수 있는지 생각해보자.

1. 회화나 조각과 마찬가지로 영화도 선과 색채, 질감, 질량 등을 사용하여 대상을 표현하며, 빛과 그림자의 섬세한 상호 작용에 의존하여 영상을 만들어낸다. 영화의 화면에 쓰이는 구도의 법칙도 대개가 회화나 조각에서 차용해 온 것이다. 연극과 마찬가지로 영화도 배우들이 행동이나 얼굴 표정, 대사 등을 통해 시각적으로 의미를 전달한다. 영화는 음악이나 시처럼 복잡하면서도 섬세한 운율과 이미지, 은유와 상징을 사용한다. 또한 무용이나 무언극에서처럼 움직이는 이미지를 통해 일련의 운율적 요소를 창조한다. 그리고 영화는 소설처럼 줄거리가 있는 하나의 사건을 우리에게 보여 준다.

2. 역동적인 영상이 자유로우면서도 계속적으로 움직인다는 점에 있어서 영화는 어떤 예술과도 다른 독특한 예술이다. 영화는 시각, 음향, 움직임에 의한 동시적인 의사 소통이 수월하므로 회화나 조각에 비해 한결 복잡한 내용도 감각적으로 눈앞에 그려 낼 수 있다. 영화는 연극에 비해 시점, 움직임, 시공간 등의 운용이 무제한 가능하다. 장면 전환도 연극에서보다 훨씬 자유로우며, 끊임없는 영상의 흐름은 장면의 전환을 눈으로는 포착할 수 없을 만큼 빠르게 진행시킬 수가 있다.

-조셉 보그, 〈영화의 분석〉

(4) 분석·분류

분석은 어떤 대상을 구성하고 있는 요소들로 나누어서 각 부분의 상호관계, 연관성, 기능, 가치, 의미 등을 밝히는 설명 방법이다. 이 방법은 그 대상의 성질에 따라 물리적 분석, 개념적 분석으로 나눌 수 있고, 작용에 따라 기능적 분석과 연대기적 분석, 인과적 분석으로 나눌 수 있다.

분류는 복잡한 대상을 명확하게 이해할 수 있도록 그 대상의 부류를 일관된 기준에 따라 계층화하여 묶는 설명 방법이다. 분류할 때에 그 기준은 하나여야 하며, 분류된 항목들은 상호 배타적이어야 한다. 또한 처음 적용한 기준을 중간에 바꾸지 않고 일관되게 적용해야 한다.

다음 글에서 사용된 설명 방법으로 어떠한 효과를 거둘 수 있는지 생각해보자.

1. 이렇게 끊임없이 되풀이되는 여성의 물질에 대한 애착은 웃거나 비난하기에 너무나 어둡고 심각한 근원이 여성의 내재 속에 있는 것이다. 이렇게 여성을 비본질적인 존재로 만든 것은 여성의 지능 계수를 가능한 한 비본질적으로 만들어 버린 사회적 관습에 있다. 여성의 자주성을 찾으려는 가장 조그만 움직임이나 생각까지도 조소되고 비난받아 왔다. 우리 사회는 두 사람의 합의에 의해서 생활을 건설해 가고 둘이 다 자아의 생장을 지속시켜 가는 공동체라고 보아야 할 결혼을 여자의 궁극적인 숙명, 여자의 자아 발견의 무덤으로서, 또 어떤 절대적인 영광스러운 예속으로서 가르쳐 왔다. 말하자면 비진정하면 할수록 여자다운 여자일 수 있다. 그러한 전통에 닦인 여자는 자연히 그러한 사고방식을 갖게 되었고 그것에서 이익을 끌어내는 것까지도 알게 되었다. 즉 자기의 삶 전부를, 실존을 스스로 순간마다 결단하고 세계를 향해서 투기하는 생활 대신에 한 남성에게 자신을 꽉 맡겨 버리고, 자기는 더 이상 사고할 필요 없이 사소하고 무상하게 흘러가는 일상성과 사실성의 세계에 파묻히는 편이 얼마나 편하고, 또 사회에서 잘 받아들여진다는 것을 의식하게 된 것이다.

—전혜린, 〈사치의 바벨탑〉

2. 대우법은 발신자와의 관계에서 사람을 크게 셋으로 분류하고 있다. 첫째는 (여러 가지 기준에서) 손위의 어른이고, 둘째는 동등한 사이, 셋째는 손아랫사람이다. 이 세 부류는 다시 각각 세분되고 거기에 따라서 대우법이 달라진다. 발생적으로는 발신자의 진심이 표현된 언어이었는지 모르지만 이제 와서는 하나의 규범으로 반쯤 강요되고 있는 면도 있으며, 발신자 자신의 교양이기도 하고, 심지어는 습관화된 기계적인 언어 사용(법)이라는 면도 없지 않다. 동일 인물에 대해서도 발신자의 태도 여하에 따라 대우법은 달라지는 것이 보통이다. 마주 대했을 때와 그렇지 않을 때가 다르고, 좋은 관계일 때와 좋지 않은 관계일 때의 대우법이 다르다. 한 장면의 담화에서의 대우법의 변화는 상대에 대한 발신자의 태도 변화를 은근히 보여주는 좋은 방법이기도 하다.

—이용주, 〈대우(待遇)의 원리〉

(5) 설명적 서사·설명적 묘사

설명적 서사는 시간의 경과에 따라 대상의 움직임이나 사건의 전말이 어떻게 변화, 전개되었는가에 초점을 두어 변화하거나 진행된 내용을 제공하여 독자를 이해시키고자 하는 설명 방법이다. 이는 사건의 제시에 중점을 두는 일반적인 서사와는 차이가 있다.

설명적 묘사는 대상이 마치 눈앞에 있는 것처럼 그려 보이는 설명 방법이다. 이 설명적 묘사는 설명적 서사와 마찬가지로 사물을 구체적으로 이해시키거나 사물에 관한 정보를 제공하는 데에 그 목적이 있다. 따라서 사물의 감각적 인상, 또는 지배적 인상을 그려내어 그 대상의 속성이나 의미를 암시하려는 일반적인 묘사와는 차이가 있다.

다음 글에서 사용된 설명 방법으로 어떠한 효과를 거둘 수 있는지 생각해보자.

1. 최초의 동물 복제 실험 대상은 개구리였다. 1952년 개구리의 배에서 뽑아 낸 세포핵을 개구리의 난자에 집어넣어 개구리를 복제하였지만 발육에는 실패하였다. 1970년 다시 세포핵을 없앤 난자(탈핵 난자)에 다른 개구리의 세포핵을 넣어 개구리 복제에 성공하였고 올챙이까지 발육시켰다. 1983년에는 최초로 포유류 복제에 성공하였다. 수정란 분화 초기의 세포를 다른 탈핵 난자에 이식하는 핵 이식으로 쥐의 복제에 성공한 뒤 양, 토끼, 돼지, 소와 영장류인 원숭이까지 복제하였다. 1996년 7월 5일, 다 자란 양의 가슴에서 떼어 낸 체세포를 탈핵 난자에 넣어 융합한 수정란으로 복제 양 '돌리'를 탄생시키는 데 성공하였다.

－김소희, 〈생명 공학, 진보인가 재앙인가〉

2. 금동연가7년명여래입상(金銅延嘉七年銘如來立像)은 삼국 초기 불상으로는 드물게 머리에 나발(螺髮)이 뚜렷하고 육계가 큰 편이다. 얼굴은 길쭉하여 양감이 거의 없으며 내리뜨고 있는 눈은 약간 부은 듯하다. 어깨는 심하게 아래로 처져 있으며 손 모양은 시무외인(施無畏印)과 여원인(與願印)을 하고 있다. 통견(通肩)의 대의는 가슴 밑으로 늘어지다가 끝자락이 왼쪽 팔뚝 위로 넘겨져 있고, 벌어진 옷깃 사이로 대각선으로 된 내의가 보인다. 옷주름은 비슷한 시기에 제작된 중국 불상에 비해서는 단순하지만 양쪽으로 뻗친 모습이 활달하여 볼륨이 있고 신선한 율동감을 준다. 광배의 표면에는 소용돌이치는 불꽃무늬가 강건하면서도 자유분방하게 표현되어 있다.

－브리태니커 백과사전

[연습문제]

1 '디지털'과 '아날로그'를 '비교·대조'와 '예시'의 방법으로 설명해보자.

----

2 다음 [보기] 내용을 참고하여 길 안내 설명을 해보자.

[보기]
(1) 질문자 : 시청에 가려면 어떻게 가야 하나요?
   답변자 : 길 따라 쭉 가시다가 오른쪽으로 돌면 있어요.
(2) 질문자 : 시청에 가려면 어떻게 가야 하나요?
   답변자 : (방향을 가리키며)이쪽으로 300m쯤 가시면, 오른쪽에 A편의점이 있어요.
         그 편의점 옆길로 들어가시면 시청 안내표가 보일 겁니다.

[주제] (친구에게) (학교에서) 대중교통을 이용하여 집까지 찾아가는 길 안내하기

----

2. 설명하는 말하기의 유형과 설계 방법

일상에서 우리가 하는 말들을 가만히 돌아보면 대부분 정보 전달을 목적으로 하는 설명하는 말하기이다. 자신이 본 영화에 대한 설명, 요리 방법(recipe)에 대한 소개, 인터넷 게시글에 대한 대화, 학교의 강의와 수업 등 일상에서 우리가 말하고 듣는 내용들은 모두 정보를 담고 있다.[5] 그 밖에도 기술이 진보하면 할수록 고도화, 전문화된 정보가 우리 주위에 범람한다.[6]

'설명하는 말하기'는 이러한 정보를 제공하여 청자가 쉽게 이해할 수 있도록 하는 '정보 제공 스피치'라고 말할 수 있다. 설명하는 말하기는 정확하고 객관적인 정보를 수집하고 체계적으로 잘 정리하여 제시하여야 한다.

1) 유형

설명하는 말하기는 목적에 따라 크게 서술과 교육으로 분류할 수 있다.[7] 우리는 설명하는 말하기를 통해 어떤 대상이나 개념에 대한 정의를 내리거나, 이론이나 사건에 대한 객관적 설명을 하거나, 어떤 과정에 대한 시연을 하거나, 어떤 방법에 대한 교육을 할 수 있다.

(1) 서술(description)

서술을 위한 설명하는 말하기란 어떤 물건이나 장소, 또는 추상적인 개념이나 사건에 대해 알리는 것이다. 서술을 위한 설명하는 말하기는 일반적인 유형으로 여러 설명 방법을 사용하여 청중의 이해를 도모한다.

① 용어나 개념 정의하기

정의는 주어진 용어나 개념이 무엇을 의미하는지를 밝힐 때 사용되며 모든 말하기에서 사용할 수 있다. 그러나 설명하는 말하기에서는 설득하는 말하기와는 달리 객관성을 담보해야 한다. 가령, '낙태는 살인이다'와 같은 정의는 객관성을 담보한다고 할 수 없다. 객관

---

5) 유정아(2009), 『유정아의 서울대 말하기 강의』, (주)문학동네, p.105. 참조.
6) 우노 다이치, 이윤혜 옮김(2005), 『설명 잘하는 법』, 더난출판, p.29.
7) 이상철·백미숙·정현숙(2006), 『스피치와 토론』, 성균관대학교 출판부, p.196~201. 참조.

성을 유지하기 위해서는 모든 의미를 청중에게 알려야 한다. 추상적 개념에 대해 정의할 때는 구체적인 의미를 밝혀야 하므로 다음과 같은 방법이 효과적이다.

ㄱ. 사전적 정의를 사용하여 용어나 개념의 근본 속성을 설명한다.
   : 사랑이란 자식, 친구, 이성, 친 때로는 물건에 대한 애착을 말한다.
ㄴ. 용어나 개념을 분류한다.
   : 사랑은 심리적, 환경적, 생물학적 현상이다.
ㄷ. 한 개념을 유사한 개념과 비교하거나 대조한다.
   : 에로틱 사랑은 뜨겁고, 폭발적이며, 자기중심적이고 쉽게 생겼다 사라지지만, 아가페 사랑은 은근하며 희생적이고 쉽게 사라지지 않는 것이다.
ㄹ. 하나의 개념을 구성하고 있는 하부 개념을 열거한다.
   : 사랑은 크게 이타적 사랑과 희생적 사랑으로 나눌 수 있다.

[효과적 정의 방법] [8]

② 견해나 사건 분석하기

분석은 겉으로 드러나는 현상보다는 그 바탕이 되는 배경이나 원인을 논리적으로 해명하는 것이다. 정의가 '무엇은 무엇이다'라면 분석은 '왜 그것이 그러하냐?'를 밝히는 것이다. 설명하는 말하기는 청중의 이해가 목적이므로 이러한 분석 작업은 필수적이다. 분석하기는 특히 객관적인 정보를 효과적으로 전달할 수 있는 설명 방법이라 할 수 있다.

③ 사용이나 제작 과정 시연하기

시연이란 어떤 과정을 이행해 나가는 세부절차를 행동과 더불어 제시하는 것이다. 이와 같은 유형은 요리 실습이나 기타 연주 등과 같이 어떤 물건을 사용하는 과정이나 만드는 과정을 단계적으로 보여주며 정보를 제공하여 청중의 이해를 돕는다. 따라서 시연은 시각적인 의사소통의 한 형태이므로 여러 보조 자료를 최대한 활용하는 것이 좋다.

---

8) 이상철·백미숙·정현숙(2006), 『스피치와 토론』, 성균관대학교 출판부, p.200.

[효과적 시연 방법]

④ 장소나 인물 묘사하기

묘사는 대상의 구체적인 모습이나 현상 등을 언어로써 사실적으로 그리듯 말해주는 것이다. 묘사는 '무엇이 어떠하냐'를 밝히는 것이며, 설명하는 말하기에서 장소나 인물을 묘사하는 것이라면 공간적 설계를 할 수 있다. 또한, 시청각자료 등을 사용하면 청중의 이해를 돕는 데 효과적이다.

> ㄱ. 위치나 크기, 부피, 색상, 형태 등을 생생한 언어로 표현한다.
> ㄴ. 비유적인 표현이나 구체적인 단어를 통하여 있는 그대로의 대상을 그려낸다.

[효과적 묘사 방법]

(2) 교육(instruction)

교육을 위한 설명하는 말하기란 어떤 과제를 실시하는 방법을 자세히 제시하는 것이다. 예를 들면, 명료하게 글 쓰는 방법, 연단에서 떨지 않고 말하는 방법, 면접을 잘 보는 방법, A노래방에서 고득점을 받는 방법 등이 그것이다. 이러한 교육을 위한 설명하는 말하기를 할 때는 교육 자료를 청중(학습자)의 수준에 맞추는 것이 중요하다.

[교육을 위한 정보제공 스피치 5단계]

발표준비 단계에서는 교육의 목표를 세우고, 청중(학습자)의 수준을 분석한 후 교육 내용을 체계적으로 분류한다. 정보전달 단계에서는 교육의 목적과 유용성을 소개하고, 교육 내용을 단계별로 제시한 후 적용한다. 학습내용 적용 단계에서는 청중(학습자)이 개별적으로 학습내용을 각 단계별로 적용해보거나, 청중(학습자) 중 한 명이 대표로 적용해 본다. 학습내용 개별적용 단계에서는 제한된 시간 내에 개별적으로 적용해보고, 교육가에게 질문을 하거나 도움을 요청한다. 마지막, 학습결과 평가 단계에서는 청중(학습자)이 습득한 지식이나 기술을 설정한 기준을 토대로 제한된 시간 내에 평가한다.

2) 구성 방식

설명하는 말하기에서는 주제를 정하고 이에 적합한 방식을 선택하여 구성할 경우 청중의 이해를 적극적으로 도울 수 있다. 이러한 구성 방식은 '공간에 따른 구성, 범주에 따른 구성, 비교에 따른 구성, 시간에 따른 구성, 인과에 따른 구성' 등으로 나뉜다.[9]

(1) 공간에 따라 구성하기

장소나 물리적 배열 안에 대상을 포진할 때 적절한 구성 방식이다. 어느 곳을 시작점으로 정해 어떤 방향으로 움직일지 결정하고 체계적으로 이동해 나가는 방법이며, 탐방이나 여행에 대한 말하기 등을 할 때 유용하다. 이와 같은 구성에서는 대개 전체적인 윤곽을 밝힌 후에 유기적인 관계 속에서 각 부분을 파악할 수 있도록 설명하는 것이 효과적이다.

---

9) 유정아(2009), 『유정아의 서울대 말하기 강의』, (주)문학동네. p.111~115. 참조.

```
                    홍대 맛집 탐방
                   Ⅰ. 합정동 맛집
                   Ⅱ. 서교동 맛집
                   Ⅲ. 동교동 맛집
```

[공간에 따른 구성의 예]

(2) 범주에 따라 구성하기

자연적, 관습적으로 분류되어 있는 대상을 말할 때 유용한 구성 방식이다. 이와 같은 구성 방식으로 청자의 이해를 돕고자 할 때에는 범주화 분류의 가짓수가 적어야 한다. 읽는 것이 아닌 듣기로 정보를 얻는 과정에서 분류 항목이 많으면 복잡해져 청자가 이해하기를 포기할 수도 있기 때문이다.

```
                스타크래프트2 종족별 특성
                   Ⅰ. 프로토스
                   Ⅱ. 저그
                   Ⅲ. 테란
```

[범주에 따른 구성의 예]

(3) 비교에 따라 구성하기

낯선 주제를 청중이 이미 알고 있을 어떤 것과 연관시켜 설명하는 방법이다. 설명 방법 중 비교와 대조를 통해 익숙하지 않은 대상을 보다 잘 이해할 수 있도록 구성하는 것이며, 다양한 주제의 말하기에 모두 유용하다.

```
            브라질 무술 카포에라(capoeira)
         -다른 나라 전통 무술과의 공통점·차이점-
                   Ⅰ. 한국의 택견
                   Ⅱ. 태국의 무에타이
```

[비교에 따른 구성의 예]

(4) 시간에 따라 구성하기

설명하는 말하기에서 역사적 조망을 하거나 시연 스피치에서 과정의 단계를 시간적으로 설명할 때 선택하는 구성 방식이다. 이 방법은 일정한 시간의 흐름에 따라 전개하는 것으로 먼 시간에서 시작해서 가까운 시간으로 구성할 수도 있고, 반대로 가까운 시간에서 시작해서 먼 시간으로 구성할 수도 있다. 이와 같은 구성에서는 각 시기가 대표성을 가져야 하며, 균형 잡힌 시간 배분이 중요하다.

김치의 역사
Ⅰ. 삼국 시대의 김치
Ⅱ. 고려 시대의 김치
Ⅲ. 조선 시대의 김치
Ⅳ. 오늘날의 김치

[시간에 따른 구성의 예]

(5) 인과에 따라 구성하기

어떤 현상이나 사건의 원인과 결과와 관련해서 분석한 내용을 인과관계로 배열하는 구성 방식이다. 이 방법은 '원인-결과의 순서로 배열하는 것'과 '결과-원인의 순서로 배열하는 것'이 있으며, 주제에 따라 선택하여 구성할 수 있다. 인과적 구성에서 주의할 것은 원인과 결과의 관계를 자의적으로 단순화시켜 미래를 함부로 예단하지 않아야 한다는 점이다.

한국 40·50대 남자 직장인의 건강
Ⅰ. 한국 40·50대 남성들의 사망원인 1위는 간암과 간질환이다.
Ⅱ. 간암과 간질환 발병에는 몇 가지 원인이 있다.
　　1. 과중한 업무
　　2. 정신적 스트레스
　　3. 폭식, 폭음, 흡연

[인과에 따른 구성의 예]

[연습문제]

※ 다음 주제를 중심으로 유형을 정하고, 적절한 구성 방식을 선택하여 말해보자.

1 임의의 관광지를 선정하여 관광지에 대한 소개

----

2 10대의 피부를 유지하는 방법

----

3. 설명하는 말하기의 조건과 준비 과정

설명하는 말하기는 무엇보다 흥미로워야 함에도 대부분의 경우 지루하게 진행되기 일쑤이다. 설명하는 말하기를 위해서 갖추어야 할 조건과 말하기 준비 과정은 다음과 같다.[10]

1) 필수 조건

효과적인 말하기를 위해서 갖추어야 할 조건으로는 정확성, 적절성, 명확성, 선명성 등이 있다.

(1) 정확성

청중의 이해를 도모하기 위한 말하기에서 전달하려는 내용을 정확하게 전달하기 위해

---

10) 이상철·백미숙·정현숙(2006), 『스피치와 토론』, 성균관대학교 출판부, p.143∼189. 참조.

서는 어법과 규범에 맞는 표현을 해야 한다. 다양한 청중을 대상으로 하는 공적인 스피치에서 어법에 맞지 않는 표현으로 인해 뜻밖의 오해나 혼란을 빚을 수 있기 때문이다.

① 정확한 의미 이해

우리가 일상에서 타인의 말을 듣고 무식하다거나 교양이 없다고 판단을 하는 것은 대부분 그 사람의 잘못된 어휘 선택에 기인한다. 말하기에서 단어의 뜻을 정확히 알지 못하고 잘못 사용할 경우 청중은 알찬 정보에 대한 이해보다는 잘못된 어휘 선택에 집중할 수도 있다. 따라서 혼동하기 쉬운 어휘나, 잘못된 어휘는 정확한 의미를 이해하고 올바른 표현으로 바꾸어 사용하여야 한다.

② 문맥에 어울리는 단어 선택

흔히 '아' 다르고 '어' 다르다는 말을 한다. 이것은 단어가 지니는 의미에 미묘한 차이가 있기 때문이다. 예를 들어 '마른'은 중립적인 데 비해 '날씬한'은 긍정적인 의미를, '빼빼한' 또는 '삐쩍 마른'은 부정적인 의미를 함축하고 있다. 이와 같이 단어의 지시적 의미에는 차이가 없지만 함축적 의미에 차이를 보이는 어휘를 사용할 때는 신중해야 한다.

③ 적절한 높임말 사용

공적인 말하기에서 겸손의 표현으로 지나친 높임말을 사용하는 경우가 있다. 실제로 우리는 '차가 많이 막히셨죠?'와 같이 무정물을 높이는 경우를 쉽게 접한다. '주문하신 커피 나오셨습니다.', '포장이세요?' 등 일상생활에서 들었을 법한 표현들도 서비스업이나 판매업 종사자들의 지나친 높임 표현의 결과물이다. 이와 같은 잘못된 높임 표현은 청중으로 하여금 전달하고자 하는 내용에 집중하는 것을 어렵게 만들 수 있다. 예를 들어 '저희 나라'란 표현이 그것이다. 청중이 속해 있는 집단을 칭할 때는 '우리 학교', '우리 동네', '우리나라'라고 표현하는 것이 옳다. 또한, 나라나 민족과 같은 집단은 비록 청중이 속해 있지 않아도 한 구성원이 낮추어 말하기에 너무 큰 집단이므로 어떠한 경우라도 '우리나라'로 써야 하지만 이를 지키지 않는 경우가 많다. 잘못된 높임말 사용은 청중에게 신뢰성을 잃을 수 있으므로 적절한 경어와 호칭을 사용해야 한다.

(2) 적절성

말하기에 있어서 아무리 표현이 정확하고, 명확하고, 선명하더라도 그 전달 내용이 청중이나 상황에 적절하지 않다면 효과적인 말하기라고 할 수 없다. 알찬 정보를 효과적으로 제공하기 위하여 중요하게 분석해야 할 것이 있다. 그것은 청중 분석과 상황 분석이다.

① 청중 분석

청중의 성별, 연령, 태도, 지식수준 등을 고려해서 말하기를 설계하는 것이 중요하다. 청중의 지식수준이 낮은 경우에는 어려운 전문 용어 대신 쉽고 일반적인 단어를 사용해서 내용을 전달해야 한다. 현학적인 단어 선택은 자신의 지식을 뽐내려는 것처럼 보여 거부감마저 들게 할 수 있기 때문이다. 반대로 청중의 지식수준이 높다고 해서 과도하게 전문 용어를 나열하거나 길고 복잡한 문장을 자주 사용하는 것은 의미를 파악하는 데 어려움을 주게 되므로 삼가도록 한다.

② 상황 분석

상황이란 장소, 시간, 모임의 성격과 같이 말하기가 이루어지는 모든 주변적인 요소를 가리킨다. 이러한 상황을 고려해서 설계하여야 효과적인 말하기가 이루어질 수 있다. 예를 들어 스피치를 행하는 장소가 어디인지, 주어진 시간이 얼마나 되는지, 어떠한 성격의 모임인지를 고려해서 적절한 표현을 결정하는 것이 바람직하다. 일반적으로 공적인 말하기에서는 방언이나 은어 사용을 자제하지만 스피치를 행하는 모임의 성격에 따라서는 방언이나 은어를 사용하는 것이 내용 전달에 더 도움이 될 수도 있다.

(3) 명확성

말하기의 일차적 목적은 청중에게 전달하려는 내용이 잘 전달되게 하는 데 있다. 아무리 적절한 전략을 세워 정확한 표현을 하더라도 그 내용이 온전히 전달되지 않는다면 좋은 말하기라 할 수 없다. 따라서 알찬 정보를 효과적으로 제공하기 위해서는 친숙하고 구체적인 표현을 사용해야 한다.

① 구체적 언어 사용

추상적이고 포괄적인 단어는 청중이 내용을 이해하는 데 어려움을 줄 수 있다. 정보제공 스피치에서는 추상적인 단어 대신에 구체적인 단어를, 포괄적인 단어 대신에 부분적인 단어를 사용하는 것이 효과적이다. 예를 들어, '20만 명을 수용할 수 있는 크기' 내지는 '54만 5,000㎡'라고 설명하는 경우, 청자가 수치에 밝은 경우가 아니라면 이해하기 어려운 게 당연하다. 이처럼 큰 수치를 나타낼 때에는 '서울종합운동장 크기'와 같이 주변에 있는 공간들을 이용하여 설명하면 이해하는 데 도움이 된다. 구체적으로 설명할 때 그 의미가 보다 명료하게 전달되며, 이것은 청중의 집중력과 기억력을 높이는 결과로 이어지게 된다.

② 쉬운 단어 사용

청중의 지식수준과 별개로 어려운 단어 대신 쉬운 단어를, 한자어나 외래어 대신 일상적인 어휘를 사용할 때 청중은 그 의미를 보다 정확하게 이해할 수 있다. 복잡하고 어려운 내용을 설명하기 위해서 반드시 어려운 단어를 사용해야 하는 것은 아니다. 오히려 훌륭한 연사들은 공통적으로 누구나 쉽게 이해할 수 있는 언어로 표현하여 청중에게 친숙하게 다가간다. 또한, 딱딱한 문어체 표현보다는 부드러운 구어체 표현을 격식을 갖춰 사용하는 것이 의미 전달에 효과적이다.

(4) 선명성

효과적인 말하기를 위해 앞선 조건들과 함께 고려해야 할 조건이 선명성이다. 주어진 시간 내에 말하고자 하는 내용을 청중에게 효과적으로 전달하기 위하여 '수사법'을 활용한 여러 표현 기교를 발휘할 수 있다. 말하기에서 수사법 사용은 생동감 있는 표현으로 청중에게 친숙하게 다가가서 전달하려는 내용에 집중하도록 유도한다. 이른바 '화술'은 기본적으로 수사법을 잘 사용하는 기술이란 의미이다.[11] 이러한 표현 기법들은 학창시절 국어시간에 문학 작품을 대하며 많이 접했던 것들이다. 이 중에서 가장 많이 사용되는 것이 직유법, 은유법, 의인법, 반복법, 점층법 등이다.

① 직유법

다음 글에서 선명성이 드러나는 부분을 찾고 어떠한 효과를 거둘 수 있는지 생각해보자.

알기 쉽게 이야기하면 독사와 맞닥뜨리면 물리느냐 죽이느냐로 초긴장을 하게 되는데, 이때가 교감 신경이 가장 극도로 흥분된 상태이다. 그런데 독사와의 대치 상태가 풀리고 안도감에 접어들면 온몸의 긴장도 풀리고 깊은 한숨을 내쉬게 되는데, 이때는 심장이나 허파도 운동 속도가 줄어든다. 바로 부교감 신경이 교감 신경보다 그 기능이 항진(亢進)된 때로, 아

---

11) 박영찬(2011), 『스마트 프레젠테이션』, 매경출판(주), p.295~309. 참조.

세틸콜린이란 물질이 더 많이 분비되는 것이다. 바닷물이 드나들 듯 우리의 몸은 하루에도 헤아릴 수 없이 교감·부교감 신경이 교대로 윗자리 아랫자리를 왕복하면서 신체의 평형을 유지한다.

–권오길,〈스트레스, 필요 존재에 대한 이야기〉

② 은유법

다음 글에서 선명성이 드러나는 부분을 찾고 어떠한 효과를 거둘 수 있는지 생각해보자.

소비 대중 사회에서 대중들은 상품, 곧 소비 사회의 다양한 물신(物神)들을 영접하러 발걸음도 가볍게 백화점으로 간다. 백화점은 물신들을 모셔 놓은 소비의 성전(聖殿)이다. 이 때, 막강한 흡인력으로 신도들을 끌어 모으는 신흥 종교의 기능을 수행하는 것이 바로 광고이다. 광고는 소비자에게 있어 일종의 교리이며 유일한 믿음일 뿐만 아니라, 소비가 미덕이라고 가르치는 도덕 교사의 역할을 수행하기도 한다.

–김병희,〈소비 문화와 광고〉

③ 의인법

다음 글에서 선명성이 드러나는 부분을 찾고 어떠한 효과를 거둘 수 있는지 생각해보자.

가끔 책을 빌리러 오는 친구가 있다. 나는 적이 질투를 느낀다. 흔히는 첫 한 두 페이지밖에는 읽지 못하고 둔 책이기 때문이다. 그가 나에게 속삭여 주려던 아름다운 긴 이야기를 다른 사나이에게 먼저 해버리려 가기 때문이다. 가면 여러 날 뒤에, 나는 아주 까맣게 잊어버렸을 때 그는 한껏 피로해져서 초라해져서 돌아오는 것이다. 친구는 고맙다는 말만으로 물러가지 않고 그를 평가까지 하는 것이다. 나는 그런 경우에 그 책에 대하여는 전혀 흥미를 잃어버리는 수가 많다. 빌려 나간 책은 영원히 '노라'가 되어 버리는 것도 있다.

–이태준,〈책〉

④ 반복법

다음 글에서 선명성이 드러나는 부분을 찾고 어떠한 효과를 거둘 수 있는지 생각해보자.

만학천봉(萬壑千峰)이 한바탕 흐드러지게 웃는 듯, 산색(山色)은 붉은 대로 붉었다. 자세히 보니, 홍(紅)만도 아니었다. 청(靑)이 있고, 녹(綠)이 있고, 황(黃)이 있고, 등(橙)이 있고, 이를테면 산 전체가 무지개와 같이 복잡한 색소로 구성되었으면서, 얼른 보기에 주홍만으로 보이는 것은 스펙트럼의 조화던가! 복잡한 것은 빛깔만이 아니었다. 산의 용모는 더욱 다기(多岐)하다. 혹은 깎은 듯이 준초(峻峭)하고, 혹은 그린 듯이 온후(溫厚)하고, 혹은 맞잡아 빚은 듯이 험상궂고, 혹은 틀에 박은 듯이 단정하고……, 용모, 풍취(風趣)가 형형색색인 품이 이미 범속(凡俗)이 아니다.

–정비석, 〈산정 무한〉

⑤ 점층법

다음 글에서 선명성이 드러나는 부분을 찾고 어떠한 효과를 거둘 수 있는지 생각해보자.

공자님께서 말씀하시기를 그것을 아는 것은 그것을 좋아하는 것만 못하고 그것을 좋아하는 것은 그것을 즐기는 것만 못하다. 공자님께서 말씀하시기를 중간 이상쯤 가는 사람에게는 높은 수준의 것을 말해 줄 수 있으나, 중간 이하의 사람에게는 높은 수준의 것을 말해 줄 수 없다. 번지가 지(知)에 대해서 묻자, 공자가 대답하시기를 백성에게 의를 힘쓰게 하고, 귀신을 공경하되 멀리하면 그것을 지(知)라고 할 수 있다. 인에 대하여 묻자, 공자가 대답하셨다. 인(仁)이라는 것은 어려운 일을 먼저 하고, 이익을 나중에 취한다. 이것을 인이라 할 수 있다. 공자님께서 말씀하시기를 지혜로운 자는 물을 좋아하고 어진 자는 산을 좋아하니 지혜로운 자는 동적이고 어진 자는 정적이며 지혜로운 자는 낙천적이고 어진 자는 장수한다.

–〈논어(論語) : 옹야편(雍也篇)〉

2) 준비 과정

설명하는 말하기를 성공적으로 이루어내기 위해서는 성실한 준비 과정이 필요하다. 준비 과정은 크게 '정보수집 단계', '정보조직 단계', '연습 단계'의 3단계로 나눌 수 있다.

(1) 정보수집 단계

기본적인 정보수집 단계에서는 전략을 세워 청중과 상황을 분석하고, 전달할 주제에 필요한 자료를 모은다. 효과적인 설명하는 말하기를 위해서는 전략적 접근이 절실히 요구된다. 정보수집 단계의 '정보'는 전달하려는 메시지에만 국한된 것이 아니라, 청자와 장면에 대한 것을 모두 아우른다.[12)]

① 청중 분석

말하기에 있어서 청중의 반응은 무엇보다도 중요하므로, 주제에 대한 청중의 관심도와 태도는 물론 화자에 대한 청중의 느낌 등 세세한 부분까지 분석하여야 한다.

② 상황 분석

말하기가 행해지는 장소의 크기, 좌석 배치, 시청각 자료를 사용할 수 있는 기자재 설치 여부, 모임의 목적, 발표순서 등을 확인하여 실전에서 당황할 여지가 없도록 분석·준비하여야 한다.

③ 자료 조사[13)]

자료 조사를 할 때는 자신의 지식과 경험을 검토하여 부족한 부분에 대하여 직접 관찰을 하거나, 연구 자료, 단행본, 신문, 설문조사, 인터뷰 자료, 통계 자료 등을 조사·수집하여 풍부한 정보를 모아야 한다.[14)]

전문서적, 논문, 학술지, 보고서, 전문잡지 등 연구 자료는 말하기의 주제를 뒷받침하는 전문적 자료이다.

통계자료는 통계청과 같은 국가기관이 운영하는 자료와 전문 리서치 기관의 자료, 발표자의 자료 등이 있다. 말하고자 하는 바를 명료하게 전달하고 신뢰를 얻을 수 있는 자료이다.

---

12) 대개 '화자, 청자, 메시지, 장면'을 화법의 요소라고 한다. 말하는 '화자'와 듣는 '청자', 전달하려는 '메시지', 그리고 말하기가 이루어지는 '장면'이 함께 어우러져 음성언어로 의사소통이 이루어지는 것이다. 따라서 정보수집 단계의 '정보'는 음성언어 의사소통을 이루는 요소 전반에 대한 정보를 뜻한다.

13) 김덕수·유지은·장원길(2015), 『파워 스피치와 프레젠테이션』, 글누림출판사, p.148~152.

14) 정보제공 스피치는 기업과 같은 조직에서는 일반적으로 조직의 목적이나 기능 또는 업무에 관련된 주제로 이루어진다. 반면에 비조직에서는 일반적으로 청중에게 유용한 정보를 중심으로 이루어진다. —이상철·배미숙·정현숙(2006), 『스피치와 토론』, 성균관대학교 출판부, p.184.

〈연구자료 수집 대표 사이트〉

기관명	설명	웹주소
국가전자도서관	국내문헌목록정보와 학술자료 200만 종 본문을 DB로 구축하여 제공	http://www.dlibrary.go.kr
국립중앙도서관	국내외 학술자료 전반	http://www.nl.go.kr
국회도서관	전자도서관 자료 제공	http://www.nanet.go.kr
학술연구정보서비스	국내외 학술지, 학위논문, 전자책, 연구보고서 등 제공	http://www.riss.kr
Dbpia	국내 학술지 전자저널, 전자논문, 전자책 제공	http://www.dbpia.co.kr
KISS(한국학술정보)	국내 학술지 전자저널 제공	http://kiss.kstudy.com

〈통계자료 수집 대표 사이트〉

기관명	설명	웹주소
통계청	KOSIS 국가통계포털, 국가주요지표, 통계지리정보, 통계분류포털, 마이크로데이터 서비스 제공	http://www.kostat.go.kr
고용노동부	공공데이터 제공	http://www.molab.go.kr
산업통계시스템	다양한 산업분석 통계, 산업발전 지수 제공	http://www.istans.or.kr
한국무역협회	국내외 무역통계 자료 제공	http://www.kita.net
한국갤럽조사연구소	마케팅 조사 통계, 사회여론 조사 통계, 특수 조사 자료 제공	http://www.gallup.co.kr
한국사회과학데이터센터	국내외 사회과학 데이터서비스, 학술 및 공공연구 DB 구축	http://www.ksdc.re.kr
한국은행	국내외 경제관련 자료, 북한경제 및 지역경제 자료	http://www.bok.or.kr
한국콘텐츠진흥원	콘텐츠 산업별 통계, 논문, 칼럼 등 자료 제공	http://www.kocca.kr

(2) 정보조직 단계

기본적인 정보수집이 끝난 후에는 수집한 정보를 분류하여 조직하는 단계이다. 앞서 배운 구성 방식 중에서 주제에 맞게 선택하여 수집한 정보를 배열하고, 서론과 본론, 결론의 개요를 작성한다.

① 자료 분류

수집한 자료는 본론 만들기의 '기초자료'로 활용될 수 있도록 선별·분류·정리를 한다. 이때 수집한 정보는 주제를 효율적으로 전달할 수 있는 소재여야 하며, 밀접하지 않은 정보는 과감히 버려야 한다. 말하기에 활용 가능한 정보는 자료의 출처가 분명하고 신뢰성을 획득할 수 있는 최신 자료여야 한다.

② 내용 조직

주제를 효과적으로 전달할 수 있는 설계 방법에 따라 서론, 본론, 결론을 만들고 개요를 작성한다. 서론에서는 청중의 관심을 유발하고 전체 말하기의 목적이나 중요성과 함께 윤곽을 제시한다. 본론에서는 청중이 이해하기 쉽게 적절한 구성 방식을 선택하여 전달하고자 하는 정보를 제공한다. 결론에서는 주요 내용을 요약하고 명료하게 마무리한다.

(3) 연습 단계

아무리 알찬 내용이라 하더라도 제대로 청중에게 전달할 수 없다면 설명하는 말하기라 할 수 없으므로 충분한 연습을 필요로 한다. 링컨은 "내가 아무리 경험이 많더라도 준비하지 않은 연설을 하게 되면 당황할 것이다"라고 말했다.[15] 연습 단계는 불안감과 두려움을 극복하고 성공적인 말하기를 위해 반드시 밟아야 할 과정이다.

① 개요 중심 암기

정보조직 단계에서 작성된 내용에 따라 원고를 구어체로 작성하여 키워드나 단문 형식의 스크립트(script)만을 들고 말해보는 연습을 한다. 만약 청중 앞에서 실수할 것을 두려워하여 토씨 하나 빼놓지 않고 말할 내용을 전부 암기할 경우 오히려 '잊어버리면 어쩌지?'라는 불안감을 갖게 된다. 그러므로 개요에 따라 반복 연습을 하여 자연스럽게 스피치를 이어나갈 수 있도록 준비한다.

② 실전 대비 리허설

연습 단계에서는 전신 거울 앞에서 실전처럼 연습해야 하며, 사전에 발표할 장소에서 입장부터 퇴장까지를 실제 상황처럼 리허설을 하여야 한다. 시청각 자료를 사용한다면 실

---

15) 박영찬(2011), 『스마트 프레젠테이션』, 매경출판(주), p.104.

제로 기자재 작동 여부를 점검하고, 연설대나 교탁 등의 높이가 적당한지 점검해야 한다. 또한 청중과의 상호작용에 영향을 미치는 책상이나 의자의 배열을 확인하여 효율적인 말하기가 될 수 있도록 준비한다. 이러한 사전 준비로 분위기를 익혀두면 그만큼 실전에서 불안감도 적어지게 된다.

[연습문제]

다음 주제를 중심으로 필수 조건을 염두에 두고 설명하는 말하기를 해보자.

1 금융권의 종류와 특징

---

2 컴퓨터의 기원과 제작과정

---

4. 설명하는 말하기의 실제

지금까지 상대방을 쉽게 이해시키는 말하기 방법들을 살펴보았다. 설명하는 말하기는 상대방에게 전달하고자 하는 내용을 최대한 쉽게 이해시키는 것이 목적이다. 그런데 이러한 설명하는 말하기는 상황(맥락)과 청자에 따라 다르게 실현된다.

1) 사적으로 설명하는 말하기

우리가 일상에서 하는 설명하는 말하기는 단어나 경어 사용, 억양이나 표정에서 공적 상황에서의 설명하는 말하기보다 친근하고 유연하게 실현된다.

[연습문제]

다음 주제를 중심으로 일상에서의 설명하는 말하기를 해보자.

1 다음 제품설명서를 읽고 이해하기 쉽게 효능과 사용법을 설명해보자. (청자:어머니)

[3단계 모공 케어 시스템]

① 1단계(컨트롤러)
- 효능 : 모공을 막고 있는 불필요한 피지과다와 과각질화 한 피부에 집중적으로 작용함으로써 두터워진 각질세포를 피부 바깥으로 탈락되도록 도와주며 막혀있던 피지를 배출시켜 투명하고 깨끗한 피부를 가꾸어 줍니다.
- 사용법 : 세안 후 동전크기 만큼 손바닥에 덜어 얼굴전체에 펴 골고루 발라줍니다. 적당한 힘을 주면서 피부 안에서 밖으로 원을 그리듯 부드럽게 마사지 해줍니다. 손놀림 후 알갱이가 생기면 각질이 심하거나 거뭇해진 피부 주위를 위주로 부드럽게 마사지 해줍니다.

② 2단계(클렌징)
- 효능 : 사용 후 가벼운 물 세안만으로도 잔여 노폐물까지 제거하며 과도한 세안으로 인한 건조로부터 피부를 보호해줍니다.
- 사용법 : 세안으로 1단계에서 생긴 노폐물을 적당히 털어내고 2회 정도 펌핑하여 클렌징하듯 자연스럽게 문지르면서 잔여 노폐물이 제거될 때까지 골고루 마사지 해줍니다. 미온수로 깨끗이 헹궈 마무리 해줍니다.

③ 3단계(모이스춰 세럼)
- 효능 : 화이트닝과 링클 서로의 가능을 상호보완하여 하얗고 활력 있는 피부는 물론 주름 개선의 효과를 동시에 볼 수 있으며 건강한 피부로 촉촉하게 유지시켜 줍니다. 또한 거친 주위의 칙칙함을 걷어내 주어 투명함을 돋보이게 하며 촉촉하고 깨끗한 피부로 가꾸어 줍니다.
- 사용법 : 아침/저녁 기초손질 마지막 단계에서 적당량 취하여 세심하게 발라줍니다.

2 다음 지도를 보고 길 안내를 해보자. (청자:할아버지)

[원주 고속 버스터미널 → 원주시립도서관]

2) 공적으로 설명하는 말하기

우리가 공적 상황에서 하는 설명하는 말하기는 일상에서의 설명하는 말하기에 비해 조금 더 격식을 갖추고 적절한 단어와 경어를 선택하여 진행한다.

[연습문제]

※ 다음 주제를 중심으로 공적 상황에서의 설명하는 말하기를 해보자.

1 5분간 연습하고 1분 동안 자신에 대하여 소개해보자.

2 조별 활동 진척 사항을 간략히 브리핑 해보자.

---

3) 효과적으로 설명하는 9가지 기술[16]

상대방을 효과적으로 이해시키기 위해 가장 필요한 것은 상대에게 최대한 집중하는 것이다. 모든 설명은 나 아닌 타인에게 하는 것이기 때문이며, 효과적으로 설명하는 데 필요한 9가지 기술은 다음과 같다.

① 상대방의 수준에 맞춰 설명하라!

설명하는 말하기에서 상대방의 수준에 맞춘다는 것은 청자에 대한 정보를 미리 수집하여 관심사나 이해도를 파악하여 맞춤형으로 설명함을 뜻한다. 상대방을 파악할 때에는 추측성 판단은 피해야 하며, 상대방이 말하는 도중에 끼어들거나 말을 가로채서는 안 된다. 상대방의 본심을 알고 싶다면 세심한 관찰이 필요하다. 이렇게 충분히 청자에 대한 정보를 수집하면 그에 적절한 설명을 할 수 있게 된다.

② 반응을 확인하며 말하라!

상대방의 설명에 대한 이해도를 파악하려면 상대방의 반응을 확인해야 한다. 1:1 설명을 해야 할 때는 특히 상대방의 반응을 확인하여 적절히 대응하도록 한다. 상대방의 눈을

---

16) 우노 다이치, 이윤혜 옮김(2005), 『설명 잘하는 법』, 더난출판, p.110~160. 참조.

보고 말하며 그 표정을 관찰하면 얼마나 이해했는지 파악하기가 용이하다. 그러나 전화로 설명하는 경우와 같이 표정과 눈빛을 볼 수 없다면, 설명과 설명 사이에 "지금까지 들으신 내용 중에서 궁금한 점은 없으세요?" 내지 "이해하셨습니까?"라고 확인하여야 한다. 또한 말하는 속도가 빨라지지 않도록 각별히 신경을 쓰고, 내용별로 적당한 여유를 두어 설명한다.

③ 서론을 줄이고 핵심을 이야기하라!

명료하게 설명이 이루어졌을 때 상대방의 이해도는 높을 수밖에 없다. 서론이 지나치게 길거나 핵심 내용을 돌려서 말하게 되면 상대방이 내용을 이해하기가 어렵다. 서론을 간소화하여 단도직입적으로 말해야 한다. 또한 항목을 예고하고 설명하면 청자는 먼저 핵심 내용의 목차를 머릿속에 가지고 들을 수 있어 자연스레 이해도는 높아진다.

④ 시범을 보이며 이해시켜라!

설명하는 말하기의 경우, 실제로 여러 번 설명하기보다 시범을 한 번 보여주는 것이 더 효과적일 때가 많다. 한 번의 시범만으로 상대방이 내용을 모두 이해하리라 생각하는 것은 과한 욕심이다. 상대방에게 순서를 설명하며 반복적으로 시범을 보일 때 비로소 효과적으로 내용을 이해하게 된다.

⑤ 사례로 상대방의 공감과 이해를 높여라!

설명에서 가장 많이 사용하고 가장 효과적인 방법이 바로 '예시'이다. 간접 경험 역시 좋은 사례가 될 수 있으며, 직접 경험한 것을 예로 들면 더 큰 효과를 얻을 수 있다. 직접 경험한 사례를 들어 설명하는 경우에는 장면이나 상황, 심리 상태 등을 그림 그리듯이 표현하면 그 효과는 더욱 높아진다.

⑥ 비교를 통해 특징을 부각시켜라!

사물의 특징을 설명할 때는 비교하여 전달하면 상대방이 이해하기가 쉽다. 예를 들어, 어떠한 사람의 생김새를 설명할 때, "그 사람 얼굴은 계란형이고 꽤 호감형이야. 얼굴 윤곽도 또렷하고 머리 모양은 짧은 스포츠머리이고……."와 같은 묘사로는 이미지가 구체화되지 않는다. 그러나 구체적 실체가 있는 누구 또는 어떠한 것과 비교하여 설명하면 그 이미지는 쉽게 구체화될 수 있다. "그 사람, 저번에 미니시리즈 □□□ □□에서 나왔던

○○○이랑 굉장히 비슷하고…….”가 보다 구체적인 이미지로 이해된다는 것이다. 또한 여기에서 말하는 ‘비교’는 이밖에도 시간적 비교(과거–현재–미래), 물리적 비교(크기, 높이 따위), 공간적 비교(지역차, 장소의 영향), 구조적 비교(업무 구조, 활동 따위) 등을 아우른다.

⑦ 한 번에 한 가지씩 설명하라!

설명이 너무 길고 복잡하면 이해하기가 어렵다. 간혹 상대방의 이해도를 높이겠다고 지나치게 자세히 설명하여 오히려 이해하기 힘들게 만드는 경우가 있다. 상대방에게 쉽게 전달하기 위해서는 우선순위를 정하여 한 번에 한 가지씩 설명하는 것이 효과적이다.

⑧ 키워드를 활용하라!

키워드를 활용한다는 것은 내용의 ‘열쇠가 되는 단어’를 제시하여 상대방이 의미 파악을 쉽게 할 수 있도록 힌트를 제공하는 것이다. 이러한 방법은 청자에 대한 배려이기도 하다. 설명하는 말하기에서 활용하는 키워드는 짧고 명쾌한 한 단어로 표현하는 것이 효과적이며, 짧은 속담이나 격언도 상황에 따라 활용할 수 있다.

⑨ 상대방에게 통하는 말을 사용하라!

말하는 이만 이해할 수 있는 설명은 하나마나가 되어 버린다. 영어만 사용할 수 있는 외국인에게 설명을 하는데 상대방이 이해할 수 없는 한국어로 설명하는 것과 같은 것이다. 설명하는 말하기에서 멀리해야 하는 단어는 의미가 모호한 것이다. 개인에 따라 해석 정도의 차이가 큰 추상적 단어는 설명하는 말하기에는 적합하지 않다. 가령 “그 방향으로 가면 멋진 차가 서 있을 거야. 그 차 옆 골목으로 들어가면 ㅁㅁ상점이 있어.”에서 ‘멋진 차’는 개인에 따라 정도의 차이가 크다고 할 수 있다. 조금 더 구체적으로 차 모델명을 제시하는 것이 상대방이 쉽게 이해하는 데 도움이 된다. 또한, 정도나 기준 역시 명확히 하여야 하는데, 시간의 경우 ‘오전’ 또는 ‘오후’, ‘저녁’ 등은 그 범위가 너무 넓어 상대방에게 명확히 전달되기 어렵다. 외래어를 사용하여 설명할 때에는 되도록 누구나 아는 쉬운 단어를 사용하여야 한다. 아이들이나 연로하신 어른들에게 설명할 때에는 자제하는 것이 좋지만, 만약 외래어를 사용해야 한다면 그 의미를 충분히 설명하여 상대방의 오해를 방지하는 것이 필요하다. 상대방을 배려하고 진심으로 이해시키고 싶다면 최대한 보편적이고 쉬운 단어를 사용하여 설명하는 것이 답이다.

4) 시각자료의 활용[17]

눈과 귀, 두뇌는 정보를 수집하고 처리할 때 함께 작동한다. 시각자료를 활용한 설명하는 말하기는 청자에게 흥미와 관심을 갖게 하고, 전달하고자 하는 내용을 보다 명료하게 전달하게 해준다. 또한, 시각자료의 활용은 내용을 설명하는 데 드는 힘과 시간을 덜어주며 발표 불안증 극복에도 도움이 된다. 시각자료에 청중의 시선이 집중되어 상대적으로 부담감을 덜 느끼며 간간이 부드럽게 시선을 맞출 수 있기 때문이다.

시각자료는 일반적으로 파워포인트 등을 활용하여 슬라이드를 만들어 노트북이나 빔 프로젝터로 보여주는 방법을 선택한다. 이와 같은 프로그램은 전달 내용을 간결하게 표현하는 데 효과적이며 그 작성 방법 역시 손쉬워 스피치를 하는 많은 이들이 선호한다.

[슬라이드 구성 3대 목표]

슬라이드를 구성할 때에는 텍스트만으로 구성하는 방법, 텍스트를 제외한 개체(표, 차트나 그림, 사진 등)만으로 구성하는 방법, 텍스트와 다른 개체를 함께 사용해서 구성하는 방법 등 3가지 방법이 있다. 이 중에서 텍스트만 구성하는 슬라이드보다는 적합한 이미지가 함께 사용된 슬라이드가 훨씬 세련되고 전문적이라는 느낌을 준다.

슬라이드를 디자인할 때는 전달하고자 하는 내용이 청자에게 쉽고 빠르게 전달될 수 있도록 배치한다. 또한 텍스트(글자)로만 이루어져 있으면 상대방은 청자가 아닌 독자가 되어 발표자의 말하기에 집중하지 못하게 되므로 긴 문장으로 연결되어 있는 슬라이드는 지양한다. 설명하는 말하기(또는 프레젠테이션) 내용이 쉽고 빠르게 전달되도록 슬라이드는 도표, 차트, 그래프, 사진 등의 도해를 활용해서 디자인하는 것이 효과적이다.

---

17) 박영찬(2011), 『스마트 프레젠테이션』, 매경출판(주), p.210~260. 참조.

슬라이드는 발표자가 보고 읽기 위한 자료가 아니라 스피치 내용의 핵심을 청중에게 보여주기 위해 만든다는 것을 잊지 말아야 한다. 따라서 청중이 잘 이해하고 집중할 수 있도록 다음의 3가지 원칙을 준수하여 시각자료를 만드는 것이 중요하다.[18]

1. 단일성(One Slide, One Idea)
   – 한 장의 슬라이드에는 한 개의 화제만 수록한다.
2. 단순성(Simple)
   – 텍스트 : 설명식 슬라이드 작성은 피하고, 개조식으로 작성해야 하며, 6줄을 넘기지 않는다.
   – 도식화 : 인간은 시각적인 존재이다. 따라서 최대한 그림, 그래프, 도표, 기호를 이용하여 슬라이드를 작성한다.
   – 사진 : 사진은 슬라이드 화면에 필요한 여백만을 둔 채, 크고 꽉 차게 보여준다.
   – 인터넷 자료 : 데이터 내용을 전달할 때, 단순히 캡처한 내용을 넣으면 선명도가 떨어지고 핵심이 드러나지 않을 수 있다. 따라서 핵심이 잘 드러나도록 고민해서 새롭게 제시하는 것이 좋다.
3. 시각성(Optical effects)
   – 배경 : 단순해야 하고, 발표 장소가 어두운 곳은 어두운 배경색을, 밝은 장소라면 밝은 배경색을 선택하는 것이 좋다.
   – 글자 : 네모 반듯하고 굵은 글씨체인 고딕체 계열이 적당하며, 글자 크기 또한 24포인트 이상으로 작성한다.
   – 강조 : 캡처 화면을 제시할 때는 밑줄, 박스처리, 확대 등 강조표시를 하여 청중의 주의를 환기시킨다. 요점을 강조할 경우 애니메이션 효과를 적절히 활용하면 많은 도움이 될 수 있다.

[슬라이드 작성 원칙][19]

(1) **도표** : 스피치 주요내용을 표나 그림으로 요약해서 전달할 수 있다.

---

18) 김명우 외(2013), 『사고와 표현–인문·사회계열』, 도서출판 역락, p.257~258. 참조.
19) 김명우 외(2013), 『사고와 표현–인문·사회계열』, 도서출판 역락, p.258~265. 참조.

(방송통신위원회 보도자료, 2016)

구 분	'13년	'14년	'15년	'14년 대비	
				증감	증감률
기자	3,792명	3,798명	3,992명	+194명	+5.1%
PD	4,634명	4,550명	4,724명	+174명	+3.5%
아나운서	750명	755명	730명	△25명	△3.3%
제작인력	4,037명	4,581명	4,766명	+185명	+4.0%
합 계	13,213명	13,684명	14,212명	+528명	+3.9%

(2) 그래프 : 일반적으로 수치 정보는 그래프로 나타낸다.

① 원그래프 : 원그래프는 전체에 대한 한 종류의 비율을 쉽게 알 수 있다는 장점이 있으나, 정확한 수치를 알 수 없다는 단점도 있다.

유기동물처리현황(2015)

(농림축산식품부 보도자료, 2016)

[반려동물 등록 100만 마리 시대(공공누리)]

② **막대그래프** : 각 부분의 상대적인 크기를 비교하는 데 효율적이며, 원그래프 보다 정확한 수를 나타낼 수 있다. 하지만 막대그래프로는 변화를 예측할 수 없다는 단점이 있다.

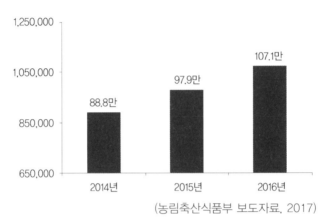

(농림축산식품부 보도자료, 2017)

[동물등록수 누계(공공누리)]

③ **꺾은선그래프** : 시간의 흐름에 따른 연속적인 변화(추이)를 파악하는 데 효율적이며, 막대그래프와 더불어 보기 쉬운 그래프 중 하나이다. 작성이 간단하고 한눈에 알기 쉽다는 장점이 있다.

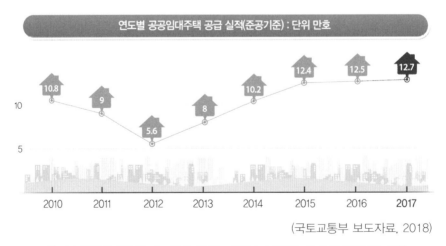

(국토교통부 보도자료, 2018)

['17년 공공임대주택 12.7만호 공급, 계획보다 7천호 초과 달성(공공누리)]

(3) 차트 : 과정과 연관관계를 일목요연하게 보여줄 수 있다.

[조직도]

[참고] 설명하는 말하기 자기 점검[20)]

❶ 내용 관계의 명확화 : '안다는 것'은 '분류하는 것'!

항목	중점 항목인가?		명확성 정도		
1. '전체'와 '부분'의 관계는 명확한가?	YES	NO	3	2	1
2. '원인'과 '결과'의 관계는 명확한가?	YES	NO	3	2	1
3. '우선순위'와 '시간순'의 관계는 명확한가?	YES	NO	3	2	1

❷ 순서를 정해 배열한다. : '이야기 흐름'을 '정리'하자!

항목	중점 항목인가?		명확성 정도		
1. '서론, 본론, 결론'으로 구성	YES	NO	3	2	1
2. '주장 → 이유, 근거 → 증명 → 주장'	YES	NO	3	2	1
3. '기 → 승 → 전 → 결'	YES	NO	3	2	1

❸ 이유와 근거를 제시한다. : '필요성'을 깨닫게 하자!

항목	중점 항목인가?		명확성 정도		
1. '시점'이나 '처지'를 바꾸어 설명한다.	YES	NO	3	2	1
2. '장점'과 '단점'을 제시한다.	YES	NO	3	2	1
3. '만일 그것이 아니라면' 하고 가정한다.	YES	NO	3	2	1

❹ 정보를 비교한다. : 비교를 통해 '차이'를 강조하고 이해시킨다!

항목	중점 항목인가?		명확성 정도		
1. 실행했을 경우와 하지 않았을 경우	YES	NO	3	2	1
2. '좋은 예'와 '나쁜 예'의 차이	YES	NO	3	2	1
3. '자신 또는 타인과 비교'	YES	NO	3	2	1

❺ 정보를 구체화한다. : 비즈니스는 언제나 '구체적'이어야 한다!

항목	중점 항목인가?		명확성 정도		
1. '수치'와 '데이터'를 사용	YES	NO	3	2	1
2. '쉽고 구체적인 예'나 '일화'를 사용	YES	NO	3	2	1
3. '비유'나 '예', '공통된 언어'를 사용	YES	NO	3	2	1

❻ 한 번에 한 가지만 집중한다. : '이것도 저것도'는 기억에 남지 않는다!

항목	중점 항목인가?		명확성 정도		
1. '항목을 나누어' '간격'을 둔다.	YES	NO	3	2	1
2. "다음으로 넘어가겠습니다." 라고 예고한다.	YES	NO	3	2	1
3. "여기까지 이해하셨습니까?" 라고 확인한다.	YES	NO	3	2	1

❼ 정보를 시각화한다. : '시각, 이미지' 효과를 활용하자!

항목	중점 항목인가?		명확성 정도		
1. '말로 그림을 그린다 - 묘사력' 사용	YES	NO	3	2	1
2. '실물'이나 '일러스트나 그래프' 사용	YES	NO	3	2	1
3. '제스처'를 의식적으로 활용	YES	NO	3	2	1

[참고] 발표 불안증(연단 공포증)[21]

✓ **발표 불안증 극복**

1. 불안증 진행과정을 미리 알고 대비한다.
   : 불안증은 발표 초기에 가장 심하므로 스피치의 서론 부분을 완벽하게 준비한다.
2. 모든 것을 긍정적으로 생각한다.
   : 긍정적인 사고는 자신감을 불러일으켜 성공할 가능성이 크다.
3. 모든 감각을 동원해 성공을 시각화한다.
   : 자신의 스피치를 듣고 열광하며 박수를 보내는 청중의 모습을 상상해본다.
4. 불안증 극복체조를 배워 신체를 이완시킨다.
   : 흔히 불안할 경우 몸이나 얼굴 근육이 경직되고, 손과 다리가 떨리기도 한다.

✓ **Bertram-Cox의 불안증 극복체조**

1. 심호흡을 천천히 여러 차례 반복한다.
2. 혀와 턱을 풀어준다.
3. 바른 자세를 유지한다.
4. 손과 손목의 힘을 빼고 풀어 준다.
5. 어깨와 등을 똑바로 하고 앉은 다음 배를 당긴다.
6. 머리와 목에 힘을 빼고 천천히 좌우로 그리고 아래위로 돌린다.

---

20) 우노 다이치, 이윤혜 옮김(2005), 『설명 잘하는 법』, 더난출판, p.106.
21) 이상철·백미숙·정현숙(2006), 『스피치와 토론』, 성균관대학교 출판부, p.47~49. 참조.

[연습문제]

다음의 조건에 맞추어 설명하는 말하기를 해보자.

1 즐거운 설명 놀이

주제 : 그림, 삽화, 사진 설명하기

놀이 방법 : 1. 설명자는 주어진 그림 등을 보고 나머지 학생들에게 설명한다.
　　　　　　 2. 나머지 학생들은 설명을 듣고 그림을 그려 맞춘다.

---

2 자기 소개하기

주　　　제 : 세상에 하나뿐인 나 / 매력적인 나
설명 방법 : 서사·묘사·비교·대조
구성 방식 : 자유
설명 시간 : 4~5분
보조 자료 : 시각 자료(PPT 등을 이용한 슬라이드)
전제 조건 : 참신할 것

---

3 알리는 설명하기

주　　　제 : 우리나라 대표 관광지

설명 방법 : 분석·분류·비교·대조

구성 방식 : 자유

설명 시간 : 12~15분

보조 자료 : 시각 자료(PPT 등을 이용한 슬라이드)

4 가르치는 설명하기

주　　　제 : 자동차의 작동 원리

설명 방법 : 정의·묘사·예시·비교·대조

구성 방식 : 자유

설명 시간 : 4~5분

보조 자료 : 시각 자료(PPT 등을 이용한 슬라이드)

제5장

설득하는 말하기/듣기

(김장원)

1. 설득, 말하기의 종합

설득하는 말하기/듣기는 설명하는 말하기/듣기와 밀접한 상관성이 있다. 설명하는 말하기/듣기가 '전달'을 강조하는 반면, 설득하는 말하기/듣기는 '목적'을 강조한다는 점에서 다르다고 할 수 있다. 구체적으로 표현하자면 설명하는 말하기/듣기가 전달과 이해의 영역이라면 설득하는 말하기/듣기는 판단과 행동의 영역이라는 점에서도 다르다.

설득하는 말하기/듣기를 다루는 장에서 굳이 설명하는 말하기/듣기를 언급하는 이유는 단지 두 유형 간의 차이를 부각하고자 하는 의도는 아니다. 오히려 이 두 유형의 말하기/듣기가 밀접한 상관성을 이룰 때 설득하는 말하기/듣기가 원활하게 이루어질 수 있음을 강조하고자 한 것이다. 설득하는 말하기/듣기에 대한 학습은 언제나 설명하는 말하기/듣기를 환기하며 이루어져야 한다는 점을 잊지 말기로 하자.

먼저 설득의 개념에 대해 알아보는 것으로부터 시작해보자. 국립국어원에서 편찬한 표준국어대사전에서는 "상대편이 이쪽 편의 이야기를 따르도록 여러 가지로 깨우쳐 말함"이라고 정의한다. 이 정의에서 주의 깊게 살펴 볼 것은 "이야기", "따르도록", "깨우쳐" 세 부분이다.

"이야기"라고 추상적이고 포괄적으로 표현하고 있다. 하지만 "이야기"에는 단지 말하는 이의 주장, 의견만이 있지는 않을 것이다. 주장과 의견은 각 개인마다 다를 수 있을 뿐만 아니라, 그 주장과 의견은 전적으로 옳다 그르다고 할 수 있는 것이 아니기 때문이다. 상대를 설득하기 위해서는 주장과 의견을 유기적으로 뒷받침하는 근거가 반드시 있어야 한다. 그리고 주장/의견과 근거의 유기적 결합을 통해 형성된 논리가 있어야 하는 것이다. 그렇기 때문에 "이야기"는 부드럽고 중립적인 표현보다는 더 논리적이고 치열한 고도의 종합적인 방식을 활용한 말하기가 필요한 것이다. "이야기"라고 한 이유는 아마도 주장/의견만이 아니라 다양한 근거가 포함되어 있고, 그 각각을 유기적으로 연결함으로써 형성된 논리가 "이야기"처럼 자연스러운 전개를 보여준다는 의미일 것이다. 주장/의견만으로는 서로를 설득할 수 없다. 아울러 상관없는 잘못된 근거로는 올바른 논리를 형성할 수 없다는 사실을 기억해야 할 것이다.

이는 "따르도록"에서 더욱 분명하게 나타난다. 설득하는 말하기/듣기에 참여하는 개인들이 "따르도록"하려면 설득하는 말하기/듣기가 어떠한 내용을 갖추어야 하는지와 밀접한 관련이 있다. 아울러 설득의 과정이 상식적이고 합리적으로 진행되었을 때, 설득에 참여한 각 개인이 어떠한 태도를 취해야 하는지를 알려주고 있는 것이다. 이는 상대방을 인식하는 태도와 관련된다. 비록 가치관과 세계관이 다른 상대라 할지라도, 무력이나 각종 물리적 위력, 지위 등을 사용하여 강압적으로 복종시키거나 침묵하게 만드는 것이 "따르도록" 하는 것이 아님은 분명하기 때문이다. 수동적이고 어쩔 수 없이 "따르도록" 하는 것이 아니라 능동적으로 기꺼이 "따르도록" 해야 하는 것이다. 그래야 설득의 목적을 이룰 수 있기 때문이다. 더 나아가서는 궁극적인 목표를 향해 나아갈 수 있는 원동력이 되기 때문이다. 이것이 상대를 자발적이고 능동적으로 "따르도록" 해야 하는 근본적 이유이다. 그렇기 때문에 이 과정이 힘들고 시간이 오래 걸린다 하더라도 포기하거나 생략해서는 안 되는 것이다.

설득의 근본정신은 "깨우쳐"로 이어진다. 설득은 서로 간의 주장과 의견을 충분히 전달하고 서로의 주장과 의견이 상이한 부분을 발견하고 이를 해결하기 위한 궁극적인 해결책을 찾아가는 과정이다. 설득은 서로를 성장하게 하고 변화하게 도와준다. 설득은 더 이상 이기고 지는 승부의 문제가 아닌 것이다. 설득에 참여한 쌍방이 인식과 생각의 수준이 성장할 수 있어야 하는 것이다. 그래야 설득은 설득 그 이상의 효과를 만들어낼 수 있는 창조적인 활동이 되기 때문이다. 스스로 "여러 가지로 깨우쳐"야 설득인 것이다. 그렇게 하기 위해서는 많은 노력과 준비 과정이 필요하다.

본격적으로 설득에 대해 알아보자. 설득은 말하는 이가 옳다고 믿는 가치, 목적, 목표를 상대에게 납득시켜, 스스로 자신의 가치나 행동을 바꿀 수 있도록 하여, 결과적으로 자신이 원하는 방향으로 상대를 변화 혹은 동참하게 하려는 목적이 있는 의사소통의 유형이다.

설득은 일상적인 대화에서는 물론 연설, 토론, 선거 유세 등과 같은 공적인 말하기에서도 빈번하게 사용되는 방법이다. 일상에서 쉽게 볼 수 있는 토론이나 선거 유세 등은 대표적인 설득의 예가 된다. 설득에는 화자의 주장이 담겨있으며 그 주장을 뒷받침할 만한 근거도 포함되어 있어야 한다.[1] 또한, 설득은 분명한 목표와 목적이 있는 말하기이자 상대에게 무엇인가를 요구하는 말하기이기 때문에 인간관계의 측면[2]에서도 특히 주의를 기울여야 한다.

사람들이 전달하려고 하는 메시지의 대부분은 상대가 추구하는 가치와 신념, 더 나아가 행동까지도 변화시키려 한다. 우리는 상대를 설득하려고 노력하기도 하지만 상대에게 설득되기도 한다. 상대에게 동의를 얻어내고 행동의 변화를 일으키며 나아가 신념이나 이념까지도 동화시키려면, 설득의 원리와 요소를 적절하게 활용하는 것이 필요하다. 그러므로 설득은 상이한 상황에서 효과적으로 활용할 수 있는 전략적인 말하기 방법인 것이다. 아울러 설득에 대한 이해는 상대를 더 많이 이해하는 것이므로, 인간 이해의 측면에서 살펴볼 필요가 있는 것이다.[3]

2. 설득의 구성 요소와 원리

의사소통은 인간 행위의 핵심이다. 아울러 의사소통은 표현되어 전달된 생각이나 느낌을 통해 인간을 이해하는 과정의 총체이기도 하다. 말하는 이가 타당한 근거를 가진 메시지를 이용해서 듣는 이를 동화시킬 때 비로소 설득이 이루어질 수 있으며 이 과정은 의사소통의 과정과 동일하다.

언어적 의사소통의 과정에 있어 대표적 구성 요소는 화자, 청자, 메시지이다. 설득이 의사소통의 한 유형이므로 설득의 구성 요소는 의사소통의 구성 요소와 일치한다. 그러므로 여기에서는 설득의 구성 요소를 화자, 청자, 메시지로 나누어 살펴보고자 한다.

---

1) 전정미, 화법 교육과정의 문제와 개선 방안 : 설득 화법의 원리와 방법, 〈화법연구〉 8권2005, pp.281-303
2) 전정미, 위의 논문.
3) 앞으로의 논의는 위에서 밝힌 전정미의 연구를 기반으로 한 것임.

1) 화자

화자는 설득의 핵심적 요소이다. 화자가 어떤 사람인가에 따라 전달하는 메시지가 받아들여질 수도 있고 그렇지 않을 수도 있다. 일반적으로 사람들은 믿을만하다고 여기는 화자가 설득을 잘하며, 또한 일반인보다는 전문적인 지식을 가지고 있는 사람이 설득을 잘한다고 여긴다.

설득을 잘하기 위해서 화자는 어떠한 요소를 고려해야 하는지 알아보자.

첫째, 화자는 신뢰를 얻어야 한다. 화자는 자신이 쌓아온 지식, 권위 등을 통해 능력을 평가받으며 상대로부터 신뢰를 획득한다. 그러기 위해서는 말하는 분야에 대한 지식과 정보가 충분해야 하며 그 분야의 전문적 권위를 갖추고 있어야 한다. 아울러 그 문제에 대해 올바른 판단력을 가지고 있어야 하며, 자신의 견해를 뒷받침할 수 있는 전문적인 식견을 제시할 수 있어야 한다.

또한 상대를 설득하기 위해서는 자기 삶의 지혜가 드러나도록 표현하는 것이 좋다. 충분한 경험과 식견을 드러나도록 표현하는 것이 중요하다. 뿐만 아니라 권위자의 지식을 적절히 인용하는 것도 신뢰를 얻는 좋은 방법이다. 이를 위해서 권위자와 그 주장에 대한 구체적이고 정확한 사실 확인이 중요하다. 막연하거나 불확실한 사실, 혹은 잘못된 자료나 주장을 인용하는 것은 화자의 신뢰를 떨어뜨리는 근본적인 이유가 된다.

카리스마를 갖추는 것도 도움이 된다. 카리스마란 대중을 마음으로 따르게 하는 뛰어난 능력이나 자질을 말한다. 카리스마를 지닌 사람은 흥미를 강하게 불러일으키고, 다른 사람들을 동조하게 하는 능력을 가지고 있다. 강한 카리스마를 가지고 있는 화자는 다른 사람의 주의를 끌게 된다. 카리스마는 신뢰의 또 다른 특징으로 나타나는 것이다.

셋째, 인격을 갖추는 것이다. 화자의 인격은 상대방에게 믿음이 생기게 한다. 인격이 높은 사람은 정직하고, 상대를 먼저 배려할 줄 아는 자세를 가진 사람이다. 따라서 설득을 잘하려면 인격을 수양해야 한다.

2) 청자

설득은 일방적인 메시지의 전달 과정이 아니라 청자의 이해와 동의를 필요로 한다. 화자가 아무리 훌륭한 능력을 갖추고 있더라도 청자에게 받아들여지지 않으면 설득은 이루어질 수 없다. 청자의 욕구, 흥미와 관심도, 인지 수준, 성별, 친밀함의 정도 등에 따라 결과가 달라지기 때문에 설득을 위해서는 청자에 대한 고려가 필수적이다. 청자에 대해 고려해야 할 요건은 크게 두 가지로 나눌 수 있는데 하나는 청자의 욕구에 대한 것이고 다른 하나는 청자와의 심리적인 일체감이다.

첫째, 청자의 욕구를 파악하는 것이 중요하다. 특정한 행동이나 삶의 방법을 강화하고 행동하도록 하는 것이 설득의 목적이므로 청자가 필요로 하는 것이 무엇인지 파악해야 한다. 이것이 이루어지면 청자의 동기부여를 자극할 수 있다. 쉽게 설득할 수 있는 바탕을 형성하게 된다.

둘째, 청자와의 심리적 일체감이다. 청자의 호응을 얻어내는 심리적인 일체감은 청자의 감성과 심리적인 면에 호소하여 상대방과 일체감을 생성한다. 그리하여 상대방을 설득하는 강력한 수단이 된다. 청자에게 감동을 주거나 심리적인 호소에 의존하기 위해서는 상대방에 대한 관찰과 분석이 중요한 요인이 된다.

또한 청자가 비언어적으로 나타내는 심리적인 태도에 대해 살펴보는 것도 필요하다. 상대의 무관심, 반발, 무시 등의 부정적인 반응이 나타나지 않는지 살펴보며, 청자와 일치되고 있는지 확인하여 설득을 위한 설득이 아니라 상대의 입장을 고려한 설득이 되도록 해야 한다.

3) 메시지

메시지의 내용과 구조도 설득에 영향을 끼치는 요소가 된다. 어떤 방법으로 메시지를 구성하느냐에 따라 설득의 결과가 달라질 수 있다. 설득은 화자의 힘이나 권위를 이용해서 강압적으로 상대를 움직이는 것이 아니라 청자 스스로 판단하여 이해할 수 있도록 해야 한다. 그러므로 설득의 메시지는 다음의 두 가지 요소를 갖추어야 한다.

첫째, 설득의 메시지는 논리적으로 타당해야 한다. 논리적인 메시지는 분명한 논리와 근거를 가지고 있어서 설득의 타당성을 뒷받침 한다. 메시지에는 논리적인 비약이 없어야 하며, 근거 자체를 믿을 수 있어야 한다. 권위자의 언급, 객관적 수치 제시, 전문자료 인용 등은 메시지에 대한 신뢰를 높인다.

둘째, 설득의 메시지에는 충분하고 납득할만한 설명이 있어야 한다. 화자는 자신이 무엇을, 왜 설득하려고 하는지 설명할 수 있어야 하며 설득의 메시지 안에 이와 같은 내용이 포함되어야 한다. 상대방을 설득하려는 이유를 메시지 속에서 설명하고 증명하는 태도가 필요하다.

설득은 상대를 변화시키려는 목적을 가지고 있다. 상대를 설득하기 위해서는 원리를 이해하고 그 원리에 가장 적합하고 효과적인 방법을 모색해야 한다. 설득의 기본이 되는 원리로는 상호성, 공손성, 일관성의 원리가 있다.

첫째, 상호성의 원리는 설득이 다른 화법의 유형과 마찬가지로 상호의존적임을 보여준다. 자신의 주장만 일방적으로 늘어놓거나 상대에게 설득을 강요하는 것은 바람직한 설득이라고 할 수 없다. 설득은 화자가 청자와 더불어 설득의 메시지를 구성해 나가며 청자의 반응에 따라 그 내용과 방법을 수정하거나 조정하는 과정이다. 그러므로 설득을 할 때에는 일방적으로 지시 하는 것이 아니라 기꺼이 이해시키기 위해 상대방을 끌어들이려는 노력이 필요하다.

둘째, 공손성의 원리는 상호성을 전제로 한다. 공손하다는 것은 자기중심적인 생각을 상대방의 관점에서 표현하는 것으로 설득에 참여하는 화자와 청자 사이의 인간관계와 관련된 원리이다. 이 원리는 설득을 하는 과정 속에서 일어날 수 있는 갈등이나 대립을 최소화함으로써 화자와 청자 사이의 교류와 상호작용을 용이하게 한다.

셋째, 일관성의 원리는 설득하고자 하는 메시지와 관련된 원리이다. 설득의 메시지를 전개하는 데에 있어서 타당하고 논리적이고 진실해야 상대방을 설득할 수 있다. 화자 자신도 확신할 수 없는 내용을 설득하려고 하거나, 근거가 적절하지 않으며 그 말은 설득력을 지닐 수 없다. 그러므로 설득하려는 메시지에 대해 적절하고 구체적인 근거를 제시하여야 하며 화자 자신이 설득의 목적을 분명히 해야 한다.

3. 설득의 방법

설득은 상호 작용을 바탕으로 이루어지며, 이 상호 작용은 설득의 구성요소인 화자, 청자, 메시지를 중심으로 나타난다. 그러므로 설득의 방법은 화자와 청자 사이의 관계를 통해 나타나거나 화자가 전달하려는 메시지를 통해 이루어질 수 있다.

1) 화자 중심적 방법

화자 중심적 방법은 화자 자신이 가진 권위나 지위를 이용하여 상대방을 설득하려는 것이다. 화자가 자신의 신념이나 바람 등을 청자에게 실현하기 위해서는 화자가 가진 능력에 의존하게 된다. 화자가 가진 능력은 그 사람의 지식, 권위 등이다. 화자의 권위나 지위를 이용하는 방법의 유형에는 보상이나 체벌을 제시하는 방법, 과시하는 방법, 화자의 희망이나 바람을 제시하는 방법 등이 있다.

첫째, 보상과 처벌은 화자가 청자에게 영향을 미치는 힘의 표현이다. 보상은 화자의 힘이 긍정적으로 영향을 끼치는 경우이고 처벌은 부정적인 영향을 끼치는 경우이다.

> 엄마 : 채소가 얼마나 몸에 좋은데 안 먹니?
> 아들 : 난 채소 맛도 모르겠고, 먹기도 불편해서 싫어요.
> 엄마 : 이거 다 먹으면 아이스크림 먹게 해줄게. 어때?
> 아들 : 정말요? 좋아요. 그럼 먹어야지.

위의 사례는 엄마가 아들에게 보상을 해 줄 수 있는 지위를 갖추고 있을 때 사용할 수 있는 설득의 방법을 보여준다. 특히 싫어하는 음식을 먹으면 그 보상으로 원하는 것을 들어주는 방법은 단기적으로 상대를 쉽게 설득할 수는 있지만 지속적인 행동의 변화를 불러일으키기는 어렵다. 이런 맥락에서 보면 지속성이 보장되는 설득 방법이라고는 할 수 없다.

둘째, 과시는 화자가 자신의 신분이나 지식의 정도, 가지고 있는 전문적인 지식, 능력 등을 강조하여 말하는 것으로 화자의 신뢰도를 높여 설득하려는 방법이다. 사람들은 상받은 상품, 큰 체구, 높은 직책, 우아한 옷차림에 약하다. 그래서 광고에서 전문가의 견해를 덧붙이거나 유명인을 내세우는 것도 같은 이유이다.

> A : 똑같은 안마의자 같은데 또 사셨어요?
> B : 이건 전에 쓰던 것과 다르대. 정형외과 의사가 광고하는 거잖니?
>   지난 번 건 진동이 너무 강해서 좀 아팠는데 이건 다르다.
>   역시 의사가 광고하는 게 믿을 만해.
> A : 네~.

이 자료에서 보면 광고의 모델이 의사라는 이유가 청자에게 신뢰감을 주었음을 알 수 있다. 뿐만 아니라 상대방을 설득할 때도 전문가라는 것을 강조하여 모델의 인지도를 이용하여 설득하고 있음을 볼 수 있다. 이러한 설득의 경우, 적합한 전문가의 선택이 중요한 역할을 한다.

셋째, 화자의 소망을 제시하는 방법은 청자에게 부탁을 하는 방식으로 표현하여, 설득이라는 느낌을 약화시키는 방법이다. 또한 청자의 변화된 생각이나 행동보다는 그 행동 뒤에 나타나는 화자의 만족도를 강조하여 화자에게 어떤 변화가 나타난 것처럼 생각하게 한다.

A : 엄마, 나 놀이터 가서 놀다 와도 돼요?
B : 철수야, 엄마는 철수가 숙제 먼저하고 놀았으면 좋겠어. 놀고 나서 하려면 힘들잖아.
A : 엄마, 엄마는 내가 숙제먼저 하는 게 좋아?
B : 응, 엄마는 철수가 그렇게 했으면 좋겠어.
A : 엄마가 좋으면 나도 좋아. 그럼 숙제 먼저 할게.

엄마와 자녀와의 대화를 보면, 엄마가 아이를 설득하기 위해 사용한 방법은 자신의 소망을 표현하는 방법이다. 화자 자신의 소망을 말하는 것은 아이에게 일방적으로 행동의 변화만을 요구하는 것이 아니라 그 행동으로 인해 엄마가 받는 긍정적인 결과까지 강조할 수 있다. 곧 설득되어 나타난 청자의 변화된 행동은 오히려 화자에게 혜택이 되돌아가는 표현이 되는 것이다.

2) 청자 중심 방법

청자 중심의 방법은 화자가 청자에게 대한 친밀감을 나타냄으로써 상대방을 설득의 과정 속에 끌어들이는 것이다. 설득 화법은 일상의 대화보다 청자의 이해와 변화를 요구하여 청자에게 부담을 줄 수 있기 때문에 상대방의 체면이 상하지 않도록 하는 것이 중요하다. 청자 중심 설득 방법의 유형으로는 호의 베풀기, 친밀감 조성하기 등이 있다.

첫째, 호의 베풀기는 화자가 청자에게 호의를 먼저 베풀어 설득할 수 있는 여건을 조성하는 것이다. 호의 베풀기는 상호성에 바탕을 둔 것으로, 대부분의 사람들은 다른 사람이 베푼 호의를 갚아야 한다는 생각을 하고 있다는 데에서 출발한다. 상대방에게 식사대접을 받았으면 자신은 후식이라도 사야 한다는 생각을 가지게 되고, 상대방에게 선물을 받으면 자신도 그 사람의 생일에 선물을 해야 한다고 생각한다. 따라서 상대방의 도움을 받으려고 할 때 내가 먼저 도와주고, 상대방으로부터 호의를 받으려면 내가 먼저 베풀어야 한다.

A : 점심 안 드셨죠? 같이 드실래요? 제가 사 드릴게요.
B : 안 그러셔도 되는데요.
A : 아니에요. 저도 점심 안 먹었거든요. 같이 드세요.
B : 네 그럼 같이 가세요.(점심을 먹고 나서)
B : 잘 먹었어요. 커피는 제가 살게요. 커피 드실 시간 있으세요?
A : 아 네. 그럼 커피 마시러 갈까요?

이와 같은 대화는 일상생활에서 흔히 접하게 된다. 내가 청자에게 먼저 호의를 베풀면 대개의 경우 청자는 그에 상응하는 보답을 하고자한다. 그러므로 상대를 설득하기 위해서는 내가 먼저 상대방에게 혜택을 베풀어야 한다.

이순신 : 새로 건조한 판옥선 두 척입니다. 도독께 드리고자합니다.
진　린 : 저의가 뭐요?
이순신 : 나는 도독께서 이 판옥선을 더럽히지 않을 장수라는 것을 믿고 있소이다.
　　　　전장에서 무기를 나누는 것은 목숨을 나누는 것과 진배없는 일. 나는 도독과 목숨을 나누고자 하오이다.
진　린 : 껄껄껄

(TV드라마 불멸의 이순신 대본)

이순신이 명나라 장수를 설득하기 위해 시작한 방법은 상대방에게 배를 선물로 주어 상대에게 호의를 베푸는 것이다. 또한 그 호의는 목숨을 나누는 의미를 가지고 있다는 것을 설명한다. 목숨만큼 소중한 무기를 상대에게 준다는 호의가 상대방의 마음을 움직이는 요소가 될 수 있을 것이다.

상대방에게 혜택을 베풀어 설득을 하는 방법의 또 다른 유형은 어떤 요구를 할 때 무리한 요구를 먼저 하는 방법으로 '얼굴 들이밀기 전략(Door-in-the-Face Technique)'이라고 한다. 이 방법은 청자가 들어줄 수 없을 만큼 무리한 요구를 먼저하고 상대방이 거절을 하면 그 다음에는 상대방이 들어줄 만한 부탁을 하는 것이다.

A : 저 미안한데, 나 노트북 좀 며칠 빌려 줄래?
B : 어쩌지, 나도 계속 일이 있어서 좀 곤란해.
A : 그럼 나 내일 오후 강의에 프레젠테이션이 있는데, 그 때만이라도 좀 쓸 수 있을까?
B : 그래, 그럼 그렇게 해.

이 같이 큰 요구를 먼저 하고 작은 요구를 하는 방법이 설득에 효율적이다. 사람들은 상대방의 요구를 들어주지 않았을 때 미안한 마음을 가지게 된다. 이 미안함을 이용하여 작은 요구를 들어주게 만드는 것이다. 상대방에게 돈 만 원을 빌리고 싶은 때, 먼저 "나 십만 원만 빌려 줄래?" 하고 말을 꺼냈다가 상대방이 곤란해 하면, "그럼 만 원만 빌려 줘."라고 하면 쉽게 목적을 달성할 수 있게 된다.

이와 반대의 경우도 생각해 볼 수 있다. 이와 같은 방법을 '발 들여놓기 전략(Foot-in-the-Door Technique)이라고 하는데 사람들은 대개 작은 요청에 대해 응하게 되면, 더 큰 요구도 들어줄 수 있다는 것과 관련된다. 이때 처음에 하는 요청은 동의를 얻기 위한 정도의작은 수준의 것이어야 한다. 처음부터 너무 큰 요구를 했다가 거절당하게 되면 정말로 원하는 요구는 꺼낼 수 없게 된다.

A : 야, 나 좀 급해서 그런데 노트북 잠깐만 사용하게 해줄래?
B : 어, 그래.(10분 후에)
A : 고마워. 급한 거 해결했다. 네 덕분이다.
B : 일이 해결됐다니 다행이구나.
A : 이 노트북 참 좋다. 비싸지?
B : 요즘은 값이 많이 내렸더라. 필요할 때 언제든지 써.
A : 고마워. 야 안 그래도 나 내일 수업 시간에 프레젠테이션이 있어서 노트북이 필요하거든? 나 내일 오후에 노트북 좀 빌려줄 수 있니?
B : (좀 곤란하지만 어쩔 수 없이) 그래.

여기에서는 작은 요청을 먼저 하고 그 이후에 큰 요청 을하는 말하기를 하고 있다. B는 A에게 노트북을 빌려주기가 싫었지만, 잠깐 동안 빌려주고 감사의 말을 들은 후라 거절하기가 어렵게 된다. 이는 사람들이 일단 긍정적인 반응을 보이면 지속적으로 긍정적인반응을 보이는 것과 관련이 있다.

둘째, 청자와의 친밀감을 형성하는 방법은 상대방을 설득의 과정 속에 끌어들이는 것으로 청자에 대한 호감을 표시함으로써 화자를 친근하게 느끼도록 할 수 있다. 친밀감을 형성하는 방법으로는 상대방과 공통점을 찾아 말한다든지 상대를 칭찬하는 방법으로 나타날 수 있다.

A : 우리 어디서 만난 적 있지 않아요?
B : 글쎄요. 별로 기억이 없는데요.
A : 참 좋은 인상이세요.
B : 네, 고마워요.
A : 서로 대화도 잘 통하는 것 같고, 우리 모임에 계속 나오세요.

화자 A가 화자 B에 대해 친밀감을 느낄 수 있는 표현과 칭찬을 말을 통해 계속적인 모임 참여를 설득하고 있다. 상대방에 대한호감의 표현을 사용하는 것은 더 친하고 싶다는 의지를 나타내는 것이 되어 청자와 친밀감을 조성하기가 더 쉬워진다. 일반적인 친밀감을 형성한 뒤에 상대를 설득하면 처음 만나자마자 설득하기 위해 노력하는 것보다 훨씬 유리한 입장이 될 것이다.

또한 '우리'라는 표현을 사용하여 설득의 내용이 청자에게만 요구하는 변화가 아니라 화자 자신도 함께 하겠다는 공동체적 태도를 보여줄 수도 있다.

3) 메시지 중심 방법

상대방을 설득하려면 논리적 타당성을 근거로 합리적인 주장을 해야 한다. 화자나 청자 사이의 인간관계로 인한 것이 아니라 설득하려는 메시지 자체가 타당한 근거를 가지고 있음을 보일 때 청자는 설득될 수 있다. 메시지 중심 방법의 유형으로는 증거를 제시하는 방법, 해결책이나 대안을 제시하는 방법 등이 있다.

대안을 제시하는 방법 등이 있다.

첫째, 설득하려는 내용에 대한 근거로 설득을 하는 방법에는 설득의 이유를 설명하거나 전문가의 말을 인용하거나 객관적인 수치를 통한 예를 들거나 희소성을 강조하는 표현을 사용하는 것 등이 있다. 설명은 설득 메시지의 정당성을 뒷받침 해주는 사실이나 이론 등을 제시하는 것이다. 이 때 사용하는 설명의 자료는 메시지의 신뢰성을 높여줄 수 있다. 또한 전문가의 말을 인용하는 것도 믿을 수 있는 근거가 된다.

이상 설득 화법이 이루어지는 방법을 화자, 청자, 메시지로 나누어 살펴보았다. 설득은 각각의 구성 요소와의 상호작용 속에서 이루어지는데 어떤 방법을 사용하든지 청자에게 신뢰감과 친밀감을 느끼게 하는 것이 중요하다. 또한 청자의 욕구 수준을 살펴 가장 효과적인 방법을 모색하여 설득할 수 있도록 한다.

설득 화법은 인간 심리를 바탕으로 여러 전략을 이용하는 고도의 기술적인 말하기이다. 이 연구에서는 설득을 이루는 구성 요소와 원리를 살피고 이를 바탕으로 이루어지는 설득의 방법을 제시하였다. 설득은 각각의 구성 요소와의 상호 작용 속에서 이루어지며 그 방법은 화자와 관련된 방법, 청자와 관련된 방법, 메시지와 관련된 방법으로 나눌 수 있다.

화자 중심적 방법은 화자 자신이 가진 권위나 지위를 이용하여 상대방을 설득하려는 것으로 보상이나 체벌을 제시하는 방법, 과시하는 방법, 화자의 희망이나 바람을 제시하는 방법 등이 있다. 청자 중심적 방법은 화자가 청자에게 대한 친밀감을 나타냄으로써 상대방을 설득의 과정 속에 끌어들이는 것이다. 상대방의 체면이 상하지 않도록 하기 위해서 호의 베풀기, 친밀감 조성하기 등이 청자와 관련된 설득의 구체적인방법이다. 메시지 중심 방법은 설득하려는 메시지 자체가 타당한 근거를 가지고 있음을 보이면서 설득하는 것으로 인용이나 예시를 통하여 증거를 제시하는 방법, 해결책이나 대안을 제시하는 방법 등이 있다.

설득은 논리적, 감성적 요소가 모두 작용하여 이루어지는 화법의 유형이다. 그러나 아무리 훌륭한 설득의 방법을 알고 있다고 해도 설득의 기본 바탕에는 상대방을 위하는 진실한 마음이 있어야 좋은 결과로 이어지고, 또한 지속적인 인간관계를 유지할 수 있게 될 것이다.

1 설득에 관한 격언이나 명언을 찾아, 그 의미를 설명해보자.

----

2 설득에 도움이 되는 구체적인 방법을 찾아 정리해보자.

----

3 다음을 활용하여 설득하는 말하기/듣기 상황을 구성해보자.

① 부모님으로부터 받는 용돈 인상

② 쓰던 휴대폰 친구에게 팔기

③ 고3 수험생에게 우리 대학 진학하도록 하기

④ 교수님께 성적 이의 신청 성공하기

⑤ 인턴합격을 위한 면접관 설득

---

4 다음 주제에 대해 찬반을 나누어, 상대방을 설득할 수 있는 근거를 정리한 후, 서로 간의 토론을 통해 설득해보자.

① 남성과 여성, 제 3의 성 허용

② 소득과 재산에 상관없이 일정 나이 이상의 성인에게 매월 일정한 기본 소득 제공

③ 양심적 병역 거부, 혹은 대체 복무

④ 종교인 과세

⑤ 임금 피크제

제6장

토론

(윤혜영)

1. 토론의 개념과 유형[1]

어느 사회에서든지 발생할 수 있는 의견 대립에 대해 우리는 비판적 사고 능력과 논리적 근거를 제시할 수 있는 능력을 갖추어야 한다. '토론'은 우리에게 필요한 비판적 사고 능력과 비판적 듣기 능력을 향상시킬 수 있으며, 공동체에 대한 이해와 관심도 넓힐 수 있는 의사소통 방법이다.

1) 토론의 개념

토론은 어떤 논제에 대해 찬성자와 반대자가 각기 논리적으로 타당한 근거를 제시하여 상대방과 청중을 설득하는 의사소통의 한 유형이다. 다시 말해서 토론은 찬성자와 반대자가 자기편 주장이 옳음을 내세워 자기편 주장을 받아들이도록 하는 말하기라 할 수 있다. 이와 같이 자기주장을 관철시키기 위해서 과도하게 가열되거나 의도하지 않은 방향으로 나아갈 수도 있으므로 토론은 일정한 형식과 절차, 규칙에 따라 진행된다.

예로부터 인류는 토론이 사회에서 중요한 역할을 할 수 있다는 것을 인식하여 공동체를 유지하고 조정하는 데 토론을 활용하였다.[2] 토론은 공동체에 도움을 줄 뿐 아니라 개개인의 비판적 사고 능력을 향상시키고 공동체에 대한 이해와 관심도 넓히는 의사소통 방법이라 할 수 있다. 지금부터 토론의 형식과 절차를 익히고 실제 토론을 진행해 보도록 한다.

---

1) 김장원·서유석·윤혜영(2013), 『다매체 시대의 글쓰기』, 도서출판 역락. 참조
2) 이상철·백미숙·정현숙(2006), 『스피치와 토론』, 성균관대학교 출판부, p.247

1 학창 시절에 토론을 했던 경험과 좋았던 점이나 싫었던 점을 이야기해 보자.

---

2 토론과 토의, 그리고 연설의 차이점을 생각해서 이야기해 보자.

구분	토론	토의	연설
목적	주장과 설득		
주장	두 가지 주장		
말하는 이	양편 주장자들		
상호 관계	상호 경쟁적		

---

2) 토론의 유형 [3]

① 자유토론

자유토론은 일반적으로 볼 수 있는 토론의 유형으로 '현장토론' 또는 '응용토론'이라고도 한다. TV토론이나 패널토론, 난상토론 등과 같이 실제 생활에서 행해지는 토론으로 그 형식과 규칙이 엄격하지 않다. 특히 자유토론의 특징은 같은 편 토론자 사이에서도 입장이 다를 수 있으며 중도에 입장 변경도 가능하다는 것이다. [4]

② 교육토론

교육토론은 일반적으로 교육적 목적으로 시행되는 것으로 '아카데미토론'이라고도 한다. 자유토론과는 달리, 찬성과 반대의 입장이 분명하게 대립하고, 발언시간과 규칙이 엄격하게 정해져 있으며, 토론결과에 따라 승패의 판정이 내려진다. 교육토론에서는 토론자가 찬성과 반대 입장 모두 준비해야 한다. 토론교육의 목적은 찬반 양 입장을 충분히 알고 균형 잡힌 시각에서 판단과 결정을 내리는 훈련을 하는 데 있기 때문이다. [5]

③ 법정토론

법정토론은 법정에서 이루어지는 토론인데, 일반인이 접할 수 있는 대표적인 것이 모의재판과 배심원 토론이다. 배심원 토론은 어떤 갈등이나 문제 발생 시 법조계 전문가들이 모여 문제 해결을 위한 토론을 진행하고, 시민들로 구성된 배심원들이 그 토론 내용을 듣고 판단을 내리는 방식이다.

2. 토론의 형식과 규칙 [6]

1) 토론의 형식

토론에는 다양한 형식이 있으나 그 중 여기에서는 '교육토론' 위주로 3가지만 간략히 살펴보도록 한다. 토론의 형식이란 토론을 하는 사람들이 얼마든지 상황과 목적에 따라 창

---

3) 서재원(2015), 『의사소통능력』, 도서출판 역락, p.138~139
4) 김명우 외(2013), 『사고와 표현-인문·사회계열』, 도서출판 역락, p.315~316
5) 김명우 외(2013), 『사고와 표현-인문·사회계열』, 도서출판 역락, p.316
6) 이창덕 외(2010), 『화법 교육론』, 도서출판 역락, p.318~323

의적으로 구성하여 만들 수 있다.[7]

① 전통적 토론

어떤 논제에 대해 찬성자 2명, 반대자 2명이 각각 한 조가 되어 토론을 하는 방식이다. 토론자는 한 번씩 입론과 반론을 할 수 있으며, 다음과 같이 8번의 순서로 진행된다.

	찬성자		반대자	
	제1찬성자	제2찬성자	제1반대자	제2반대자
입론	① 발제와 입론		② 공박과 입론	
		③ 반박과 입론		④ 논박과 입론
반론	⑥ 공박과 변호		⑤ 반론과 변호	
		⑧ 논박과 변호		⑦ 반박과 변호

② 직파식 토론

어떤 논제에 대해 찬성측과 반대측이 상대편을 논파하는 방식의 토론이다. 입론 부분은 전통적 토론과 같으나 반론 부분이 다르게 진행된다.

	찬성자		반대자	
	제1찬성자	제2찬성자	제1반대자	제2반대자
입론	① 발제와 입론		② 공박과 입론	
		③ 반박과 입론		④ 논박과 입론
반론	⑤ 반론과 변호			⑥ 공박과 변호
		⑦ 반박과 변호	⑧ 논박과 변호	

③ 반대신문식 토론

이 토론 형식은 '교차조사(cross examination) 방식 토론'이나 'CEDA 토론'이라고도 한다. 어떤 논제에 대해 찬성측과 부정측이 '입론-질문-반박'을 하는 방식으로, 상대방에게 질문을 하여 상대방의 논지를 반박하여 승부를 가리는 것이다. 이 토론 방식은 자신의 주장만 집중하고 상대 토론자의 주장을 귀담아 듣지 않는 것을 보완하기 위해 질문에 해

---

7) 이상철·백미숙·정현숙(2006), 『스피치와 토론』, 성균관대학교 출판부, p.282

당하는 교차조사(cross examination)를 도입하게 된 것이다.

찬성자		반대자	
제1찬성자	제2찬성자	제1반대자	제2반대자
① 입론			② 교차조사
④ 교차조사		③ 입론	
	⑤ 입론	⑥ 교차조사	
	⑧ 교차조사		⑦ 입론
⑩ 반박		⑨ 반박	
	⑫ 반박		⑪ 반박

[연습문제]

※ 다양한 토론 형식들을 찾아서 절차와 장·단점을 이야기해 보자.

----

2) 토론의 규칙[8]

토론은 앞서 밝힌 바와 같이 과도하게 가열되거나 의도하지 않은 방향으로 나아갈 수도 있으므로 규칙에 따라 진행하여야 한다. 대개 토론의 규칙에는 다음과 같은 내용을 포함한다.

- □ 시간의 제약
- □ 발언 시간과 발언 순서의 규정
- □ 긍정측부터 발언 시작 : 긍정측이 불리한 점이 많다고 봄
- □ 논제는 하나의 주장을 포함하는 긍정 명제로 한다.
- □ 논박의 시간은 쌍방이 동일하게 한다.
- □ 토론이 끝나면 한정한다.
- □ 모든 토론은 구두로 한다.

3. 토론의 준비[9]

토론을 진행하기 위해서는 먼저 논제를 선정하고 핵심 쟁점을 파악해야 한다. 이후 그 쟁점을 뒷받침할 수 있는 자료 조사까지 이루어져야 비로소 토론에 임할 수 있게 된다.

1) 논제 구성과 결정

토론의 논제는 찬성측과 반대측의 입장이 명확히 나뉘어야 하며, 찬반을 분명히 구분할 수 있는 진술문의 형식을 취해야 한다. 다시 말해서 토론의 논제는 'A는 B이다' 또는 'A는 B해야 한다'와 같이 단 하나의 쟁점만 담겨 있는 문장이어야 한다는 것이다. 또한, 논제에는 찬반의 균형을 깰 수 있는 정서적인 가치 판단을 최소화하는 중립적인 단어를 선택하여 구성해야 한다. 가령, '반인륜적 사형제도는 폐지해야 한다.'의 논제에서 '반인륜적'이라는 표현이 정서적인 가치 판단이 포함된 경우이다.

---

8) 손춘섭·이윤애(2013), 『삶을 바꾸는 말하기』, 도서출판 역락, p.179
9) 이창덕 외(2010), 『화법 교육론』, 도서출판 역락, p.329~333
　이상철·백미숙·정현숙(2006), 『스피치와 토론』, 성균관대학교 출판부, p.283~318

논제는 '사실 논제', '가치 논제', '정책 논제'로 나뉠 수 있으며, 교육 토론에서는 '정책 논제'를 많이 사용한다. 이것은 정책 토론을 할 경우 가치와 사실에 관한 근거들이 많이 등장하기 때문이다. '정책 논제'는 현 상태의 수정이나 변화를 나타내는 명제여야 한다. 다시 말해서 찬성측은 현 상태를 변화하는 입장이고 반대측은 현 상태를 유지하는 입장으로, 현 상태에서 사형제를 실시하고 있다면 '사형제는 폐지되어야 한다'가 논제가 되어야 한다는 것이다.

[연습문제]

※ 다음의 주제 중 5개만 선택하여 논제를 만들어 보자.

환경	쓰레기, 오염, 핵 발전소, 간척 사업 등
정치	지방자치제, 시민 단체, 노조/경영 등
경제	경제의 불평등화, 대기업/중소기업, 근로 시간 등
외교	대북 정책, 해외 파병, 역사 왜곡 등
사회	사형제, 안락사, 저출산 문제, 다문화 차별 등
문화	문화재, 인터넷, 영화 등
학교	학교 폭력, 내신 등급, 교권 문제 등

2) 핵심 쟁점 파악

논제를 결정한 후에는 핵심 쟁점을 파악해야 한다. 논제에 따라 핵심적으로 다루어야 할 기본구조는 다르게 나타나는데 이것이 바로 토론의 쟁점이다. 쟁점은 토론에서 찬반의 대립을 분명히 할 뿐 아니라 자신의 입장에서 타당성을 주장할 수 있게 한다.

교육 토론에서 가장 많이 사용되는 **정책 논제**에서 'A는 B해야 한다'와 같이 구체적인 대안이 제시된 경우, 핵심 쟁점은 '문제 정의 → 문제 제기 → 해결 방안 → 비용'의 구조가 된다. 그 구체적 쟁점을 살펴보면 다음과 같다.

핵심 쟁점		토론자	
		찬성측	반대측
문제 정의	① 주요 용어 및 개념	찬성측 정의	반대측 정의
	② 역사적/이념적/철학적 배경	찬성측 해석	반대측 해석
문제 제기	① 중요성	중요하다	중요하지 않다
	② 심각성	심각하다	심각하지 않다
	③ 즉시성	즉시 조치해야 한다	즉시 조치할 필요가 없다
	④ 지속성	지속된다	자연적으로 해결된다
해결 방안	① 실행 가능성 (인적 자원, 물적 자원, 자연 자원, 사회 제도, 사회적 인식 및 가치, 변화 대상의 의지)	실행이 가능하다 (모두 충분하고 가능하다)	실행이 가능하지 않다 (무두 부족하고 불가능하다)
	② 해결성	해결된다	해결 보장이 없다
	③ 타 대안 비교	최선의 대안이다	최선의 대안이 아니다
비용	이익과 부작용	부작용이 있을 수 있지만 이익이 크다	이익을 가져올 수 있지만 부작용이 더 크다

'정부의 시장 간섭은 위헌이다'와 같은 **사실 논제**에서 파악할 수 있는 핵심 쟁점들을 살펴보면 다음과 같다. 그러나 이 쟁점들이 순차적으로 반드시 이루어지는 것은 아니다.

핵심 쟁점		토론자	
추측의 상태	① 행위 유무	행위를 했다	행위를 안 했다
	② 행위자의 동기	그럴 사람이다	그럴 사람이 아니다
	③ 행위자의 능력	일을 저지를 능력이 있다	그런 능력이 없다
정의의 상태	언어의 정의로 상태 규정	(예) 광주 민주화 운동	(예) 광주 사태
정도의 상태	① 정당화	(예) 맞아도 싸다	(예) 그런 행위를 해선 안된다
	② 변명 (우발적 행위, 제도적 사회적 상황, 상대 인물에 대한 역공, 정신 착란)	(예) 우발적이다 사회나 제도가 원인이다 나만 그런 것은 아니다 정신이 이상했다	(예) 계획적이다 문제는 개인이다 타인과는 무관하다 아니다
	③ 관용에 호소	(예) 잘못 했습니다 선처를 부탁합니다	
절차의 상태	과정과 절차로 상황 규정	(예) 여론재판이다	(예) 아니다

'안락사는 비윤리적이다'와 같은 '**가치 논제**'에서 파악할 수 있는 핵심 쟁점들을 살펴보면 다음과 같다. 이 쟁점들도 역시 순차적으로 반드시 이루어지는 것은 아니다.

핵심 쟁점		토론자	
		찬성측	반대측
정의	주요 용어 및 개념	찬성측 정의	반대측 대체 정의
가치 우선 순위	우선 순위 계층화 제시	(예) 성장이란 가치가 분배보다 우선이다	(예) 분배란 가치가 성장보다 우선이다
가치 판단 기준	① 판단 기준의 속성	(예) 안락사는 사회적 문제	(예) 개인의 의사 표현
	② 판단 기준의 타당성	(예) 안락사의 비윤리성 공동체 구성원들이 인정	(예) 공동체 구성원 안락사의 권리 인정
	③ 대상 가치와의 적합성	적합한 사례 제시	사례의 부적합성 지적
	④ 판단 기준과 안정성	가치 안정적이다	가치 자의적 해석이며 임시방편적이다
판단 기준의 측정	① 가치로 인한 사회적 결과	심각한 결과가 있다	그렇지 않다
	② 가치로 인한 중대성	중대한 문제가 발생하고 있다	그렇지 않다
	③ 대상 가치가 문제의 원인을 제공 유무	가치와 문제가 인과 관계가 있다	직접적 인과관계가 없다

[연습문제]

※ 다음 논제에 대해 핵심 쟁점을 파악해 보자.

[정책 논제]
영어를 공용화해야 한다.

핵심 쟁점		토론자	
		찬성측	반대측
문제 정의	① 주요 용어 및 개념		
	② 역사적/이념적/철학적 배경		
문제 제기	① 중요성		
	② 심각성		
	③ 즉시성		
	④ 지속성		
해결 방안	① 실행 가능성 (인적 자원, 물적 자원, 자연 자원, 사회 제도, 사회적 인식 및 가치, 변화 대상의 의지)		
	② 해결성		
	③ 타 대안 비교		
비용	이익과 부작용		

3) 자료 조사[10]

토론에 필요한 자료 조사는 크게 두 가지로 나눌 수 있다. 하나는 논제를 정하고 핵심 쟁점을 파악하기 위해 배경 지식을 얻기 위한 자료 조사이다. 이 때 얻는 자료는 논제에 대한 접근 방향과 사회적 상황 등을 파악하는 데 도움이 된다. 또 다른 하나는 핵심 쟁점까지 파악한 후, 그 쟁점을 뒷받침할 수 있는 자료를 찾는 것이다. 쟁점을 정리한 후 논리적 근거로 제시할 수 있는 자료를 풍성히 수집·정리하면 토론을 성공적으로 이끌 수 있으므로 성실한 자세가 필요하다.

[연습문제]

※ '영어를 공용화해야 한다'는 논제에 대해 파악한 핵심 쟁점을 뒷받침할 수 있는 자료를 찾아 적고 발표해 보자.

10) 한라대학교 교양교직과정부(2010), 『다매체 시대의 실용적 글쓰기』, 동일출판사, p.223～224

4) 토론 개요서[11]

핵심 쟁점을 파악하여 뒷받침할 수 있는 자료까지 수집·정리가 끝나면 토론 개요서를 작성한다. 토론 개요서를 작성하면 토론의 전략을 체계화할 수 있으며 상대방의 전략에 대비할 수 있다.

'소극적 안락사를 시행해야 한다'라는 논제로 '찬성측'에서 작성한 토론 개요서의 예는 다음과 같다.[12]

논제	소극적 안락사를 시행해야 한다 (찬성측)	
입장	찬성측	반대측 (예측)
입론	1. 주장	1. 주장
	① 누구나 인간답게 살 권리가 있듯이 인간답게 죽을 권리도 있다. ② 소극적 안락사는 환자가 존엄한 죽음을 맞을 수 있도록 하게 해준다. ③ 무익한 생명의 인위적 연장보다 소극적 안락사 허용이 낫다.	① 생명은 자연적으로 주어진 것으로 인간이 좌지우지할 수 있는 것이 아니다. ② 소극적 안락사는 죽음을 방조한다는 면에서 윤리적 비난을 피할 수 없다. ③ 소극적 안락사를 시행하면 그 이점보다 부작용이 더 심각하다.
	2. 근거 자료	2. 근거 자료
	① 소극적 안락사의 정의 ② 소극적 안락사를 원하는 환자의 인터뷰 ③ 환자 가족들의 심적. 경제적 부담 자료 ④ 안락사를 허용하는 다른 나라의 경우 사례 ⑤ 호스피스가 일반화된 나라에서도 안락사 논쟁이 뜨거운 이유	① 실제적인 안락사 판례들 ② 생명경시풍조의 확산과 사회적 파급력에 대한 연구 결과들 ③ 소극적 안락사 시행의 실제적 어려움 관련 자료 ④ 호스피스 제도의 채택 증가 이유
반론	3. 반대측 입론에 대한 반론	3. 찬성측 입론에 대한 반론
	① 인위적으로 생명 연장을 하는 것 역시 인륜에 어긋나는 행위이다. ② 인간에게는 누구나 자신의 운명을 결정지을 권리가 있다. ③ 안락사의 합법화가 음성화할 때의 부작용을 더 최소화할 수 있다.	① 생명권보다 더 우선적인 권리는 있을 수 없다. 자유권보다 생명권이 우선이다. ② 존엄한 죽음이란 있을 수 없다. 삶에 반하는 인위적 죽음 자체가 윤리적으로 부당한 것이다. ③ 생명유지 장치를 사용해서라도 살 수 있는 생명을 일부러 방치하는 것은 명백한 살인 행위이다.

---

11) 한라대학교 교양교직과정부(2010), 『다매체 시대의 실용적 글쓰기』, 동일출판사, p.224~225
12) 이상철·백미숙·정현숙(2006), 『스피치와 토론』, 성균관대학교 출판부, p.330~350

논제	소극적 안락사를 시행해야 한다 (찬성측)	
입장	찬성측	반대측 (예측)
	4. 반대측 반론에 대한 찬성측의 대책	4. 찬성측 반론에 대한 반대측의 대책
	① 생명권에는 누구나 자신의 의사에 따라 인간답게 결정지을 수 있는 자유와 자신의 삶을 아름답게 마감할 권리 역시 포함된다. ② 인간의 생명을 유지하는 것만이 본질적으로 가치있다는 생각을 인정할 수 없다. 존엄한 죽음도 그에 상응하는 가치를 지닌다. ③ 고통에 허덕이는 환자에게 생명을 유지하도록 하는 것이 최선책이라 할 수 없다.	① 생명자체가 자연적인 것이므로 생명의 유지에 대한 의지와 노력을 인위적 연장이라 말할 수 없다. ② 환자의 자발적 선택이었다 할지라도 충동적이거나 순간적인 선택일 가능성도 있다. ③ 안락사의 음성화로 인한 오·남용 문제가 발생하는 것 자체가 안락사 허용의 문제점이므로 안락사를 전면적으로 금지하는 것이 마땅하다.

[연습문제]

※ '영어를 공용화해야 한다'는 논제로 '찬성측'이나 '반대측'에서 작성한 토론 개요서를 작성해 보자.

논제	영어를 공용화해야 한다 (측)	
입장	측	측 (예측)
입론	1. 주장	1. 주장
	2. 근거 자료	2. 근거 자료
반론	3. 반대측 입론에 대한 반론	3. 찬성측 입론에 대한 반론
	4. 반대측 반론에 대한 찬성측의 대책	4. 찬성측 반론에 대한 반대측의 대책

4. 토론의 실제

1) 토론 실행

토론 개요서까지 모든 토론의 준비가 끝나면 진지한 자세로 토론에 임한다. 발언을 할 때에는 준비한 자료를 보고 읽지 않도록 주의하며 구어체로 자연스럽게 말한다. 발언 내용은 사실과 의견을 분명히 구분하여야 하며, 반박할 때에는 언어적 공격이 되지 않도록 객관적으로 접근하려는 노력이 필요하다. 또한 상대방의 발언 내용을 요약한 후, 그에 대한 자신의 근거를 제시하도록 한다. 상대방이 말하는 내용을 능동적으로 듣고 그 내용 안에서 반론을 해야 하며, 발언 시간을 엄수하도록 주의해야 한다.

2) 토론 평가

토론을 한 후에는 평가서를 작성하여 자기 점검과 타인 점검을 하도록 한다. 토론에서 가장 중요한 평가 기준은 논리적 내용 구성 능력이다. 용어나 개념에 대한 정확한 이해를 바탕으로 주장을 뒷받침하는 논거를 잘 구성하였는가를 평가하여야 한다. 또한 토론은 구술적 특성을 가지기 때문에 논리뿐만 아니라 설득도 중요하다. 따라서 토론은 공격과 방어가 즉각적으로 이루어짐에 따라 순발력과 창의력이 평가 기준이 된다.

'토론 평가서'의 예는 다음과 같다.[13]

		학과　　　　학번　　　　이름		
논 제				
토론자	찬성측			
	반대측			
사회자				
	평가 기준		**찬성측**	**반대측**
공통 항목	언어적 태도의 적절성 (목소리, 속도, 말투 등) 토론의 예절과 규칙 준수 여부		각 단계별 평가에서 이를 반영하여 채점함 (+1, 0, −1)	

---

13) 한라대학교 교양교직과정부(2010), 『다매체 시대의 실용적 글쓰기』, 동일출판사, p.228~229

입 론	토론의 쟁점을 잘 포착했는가? 논점은 참신했는가? 논거가 적절했는가? 논거가 타당했는가?	점수: 1 2 3 4 5	점수: 1 2 3 4 5
확인 질문	토론의 쟁점을 파악하는 질문을 했는가? 상대방의 논리적 허점을 잘 짚었는가?	점수: 1 2 3 4 5	점수: 1 2 3 4 5
반 론	상대방의 논리적 허점을 잘 지적했는가? 반론의 논거는 타당한가? 반론거리를 모두 지적했는가?	점수: 1 2 3 4 5	점수: 1 2 3 4 5
최종 발언	토론의 핵심 쟁점을 잘 정리했는가? 자기측 입장을 효과적으로 부각했는가?	점수: 1 2 3 4 5	점수: 1 2 3 4 5
	합 계		
사회자	논제의 의의를 잘 부각했는가? 토론의 규칙과 시간을 잘 지키도록 했는가? 토론의 내용을 잘 요약했는가?		
총 평			

[연습문제]

1 다음 주어진 논제 중 하나를 선택한다.

-사형제는 폐지되어야 한다.
-동성애 결혼을 합법화해야 한다.
-인터넷 실명제를 실시해야 한다.
-출산율 저하, 국가의 책임이다.
-성장보다 분배가 더 중요하다.

2 쟁점을 파악한다.

3 논제의 의미를 정확히 인지한 후 찬성측과 반대측을 정한다.

4 논제와 관련하여 자료를 충분히 수집·정리한다.

5 토론 개요서를 작성한다.

논제	(측)	
입장	측	측 (예측)
입론	1. 주장	1. 주장
	2. 근거 자료	2. 근거 자료
반론	3. 반대측 입론에 대한 반론	3. 찬성측 입론에 대한 반론
	4. 반대측 반론에 대한 찬성측의 대책	4. 찬성측 반론에 대한 반대측의 대책

6 '전통적 토론' 방식으로 토론을 진행한다.

7 토론 평가서를 작성한다.

	학과 학번 이름		
논 제			
토론자	찬성측		
	반대측		
사회자			
	평가 기준	**찬성측**	**반대측**
공통 항목	언어적 태도의 적절성 (목소리, 속도, 말투 등) 토론의 예절과 규칙 준수 여부	각 단계별 평가에서 이를 반영하여 채점함 (+1, 0, −1)	
입 론	토론의 쟁점을 잘 포착했는가? 논점은 참신했는가? 논거가 적절했는가? 논거가 타당했는가?	점수: 1 2 3 4 5	점수: 1 2 3 4 5
확인 질문	토론의 쟁점을 파악하는 질문을 했는가? 상대방의 논리적 허점을 잘 짚었는가?	점수: 1 2 3 4 5	점수: 1 2 3 4 5
반 론	상대방의 논리적 허점을 잘 지적했는가? 반론의 논거는 타당한가? 반론거리를 모두 지적했는가?	점수: 1 2 3 4 5	점수: 1 2 3 4 5
최종 발언	토론의 핵심 쟁점을 잘 정리했는가? 자기측 입장을 효과적으로 부각했는가?	점수: 1 2 3 4 5	점수: 1 2 3 4 5
	합 계		
총 평			

참고문헌

제1장 말하기의 중요성(박선경)

인용서적 : 『대화의 신』, Larry King, 강세일 역, 위즈덤하우스, 2015
참고서적 : 『이럴 때 이런 대화법 67』, 이혜범, 원앤원북스, 2010

제2장 의사소통의 시작, 경청(김장원)

김상준, 『스피치커뮤니케이션』, 역락, 2007.
김장원, 서유석, 윤혜영, 『다매체 시대의 말하기』, 역락, 2012.
유정아, 『유정아의 서울대 말하기 강의』, 문학동네, 2009.
유혜숙, 이민호, 『소통하는 말하기』, 보고사, 2015.
정승혜, 문금현, 『대학생을 위한 화법 강의』, 태학사, 2013.
탁희성, 김은정, 『커뮤니케이션과 스피치』, 태학사, 2015.
래리 바커, 키디 왓슨, 『마음을 사로잡는 경청의 힘』, 윤정숙 역, 도서출판 이아소, 2010.
제임스 설리반, 『세상에서 가장 강한 힘, 경청』, 김상환 역, 미다스북스, 2010.

제3장 이해와 공감의 시작, 대화(김장원)

김상준, 『스피치커뮤니케이션』, 역락, 2007.
김장원, 서유석, 윤혜영, 『다매체 시대의 말하기』, 역락, 2012.
유정아, 『유정아의 서울대 말하기 강의』, 문학동네, 2009.
유혜숙, 이민호, 『소통하는 말하기』, 보고사, 2015.
정승혜, 문금현, 『대학생을 위한 화법 강의』, 태학사, 2013.
탁희성, 김은정, 『커뮤니케이션과 스피치』, 태학사, 2015.
래리 바커, 키디 왓슨, 『마음을 사로잡는 경청의 힘』, 윤정숙 역, 도서출판 이아소, 2010.
마셜 B 로젠버그, 『비폭력 대화』, 바오출판사, 2004.
제임스 설리반, 『세상에서 가장 강한 힘, 경청』, 김상환 역, 미다스북스, 2010.

제4장 설명(윤혜영)

[논문]

김정수(2004), 설명하는 말하기의 단계별 지도 프로그램 연구, 『어문학교육』제28집, 한국어문교육학회.

정상섭(2004), 말하기 불안을 극복하기 위한 방안, 『청람어문교육』28집, 청람어문교육학회.

정희창·조태린·이수연(2007), 설명적 말하기의 언어적 요소, 『구어적 의사소통 능력 향상을 위한 교육 프로그램 연구』, 국립국어원·MBC

최석재(2010), 대학 교양 국어용 화법 교재의 분석과 개선 방안, 『화법연구』16, 한국화법학회.

[단행본]

건국대학교 글쓰기연구회(2011), 『글쓰기의 기술:실용편』, 조율.

고려대학교 사고와표현 편찬위원회(2005), 『글쓰기의 기초』, 고려대학교 출판부.

공명철·김인봉·나윤·이석록·장원석(2004), 『EBS 인터넷 수능(고급) 언어 심화 선택』, 한국교육방송공사.

구현정·전정미(2007), 『화법의 이론과 실제』, 박이정.

김덕수·유지은·장원길(2015), 『파워 스피치와 프레젠테이션』, 글누림출판사.

김명우 외(2013), 『사고와 표현-인문사회계열』, 도서출판 역락.

김용경·이만식(2007), 『글쓰기와 말하기를 어떻게 할 것인가』, 한올출판사.

박영찬(2011), 『스마트 프레젠테이션』, 매경출판(주).

박정규·이희세·이수성·김송환·이상문·하희정(2003), 『언어영역 종합편』, (주)블랙박스.

소춘섭·이윤애(2013), 『삶을 바꾸는 말하기』, 도서출판 역락.

양신모·김덕곤·김형주·박삼채·신철수·유두선·김기홍(2004), 『언어영역 수능마무리』, PASSING CODE #708.

유정아(2009), 『유정아의 서울대 말하기 강의』, (주)문학동네.

이상철·백미숙·정현숙(2006), 『스피치와 토론』, 성균관대학교 출판부.

이창덕·임칠성·심영택·원진숙·박재현(2010), 『화법 교육론』, 도서출판 역락.

이창덕·임칠성·심영택·원진숙(2010), 『삶과 화법』, 도서출판 박이정.

아리스토텔레스, 전영우 옮김(2009), 『아리스토텔레스의 레토릭』, 민지사.

우노 다이치, 이윤혜 옮김(2005), 『설명 잘하는 법』, 더난출판.

윌리엄 장(2006), 『1시간 만에 마스터하는 프레젠테이션』, 청림출판.

정승혜·문금현(2011), 『대학생을 위한 화법 강의』, 태학사.

하인츠 골트만, 윤진희 옮김(2006), 『말하기의 정석』, 리더북스.

한라대학교 교양교직과정부(2012), 『다매체 시대의 말하기』, 도서출판 역락.

제5장 설득하는 말하기/듣기(김장원)

구현정, 전정미, 『화법의 이론과 실제』, 박이정, 2007.

김영석, 『설득커뮤니케이션』, 나남출판, 2005.

김장원, 서유석, 윤혜영, 『다매체 시대의 말하기』, 역락, 2012.

박재현, 『설득화법 교육론』, 태학사, 2011.

유혜숙, 이민호, 『소통하는 말하기』, 보고사, 2015.

정승혜, 문금현, 『대학생을 위한 화법 강의』, 태학사, 2013.

전정미, 화법 교육과정의 문제와 개선 방안 : 설득 화법의 원리와 방법, 〈화법연구〉 8권
    2005, pp.281-303.

제6장 토론(윤혜영)

김명우 외(2013), 『사고와 표현-인문·사회계열』, 도서출판 역락.

김장원·서유석·윤혜영(2013), 『다매체 시대의 글쓰기』, 도서출판 역락.

서재원(2015), 『의사소통능력』, 도서출판 역락.

손춘섭·이윤애(2013), 『삶을 바꾸는 말하기』, 도서출판 역락

이상철·백미숙·정현숙(2006), 『스피치와 토론』, 성균관대학교 출판부.

이창덕 외(2010), 『화법 교육론』, 도서출판 역락.

한라대학교 교양교직과정부(2010), 『다매체 시대의 실용적 글쓰기』, 동일출판사.